A SOBREVIVÊNCIA DA HUMANIDADE

Marcos Alberto von Bahten

A SOBREVIVÊNCIA DA HUMANIDADE

2ª Edição
POD

Sumário

AGRADECIMENTOS

Ao finalizar este livro, A sobrevivência da humanidade, senti uma paz de espirito, como se tivesse acabado de realizar com sucesso missão em benefício do meu semelhante. Diria ainda que cumpri agora com o meu dever de cidadão!

Isso só foi possível graças às inúmeras informações que li, ouvi e assisti quase diariamente nas revistas e no noticiário sobre o aquecimento global, com suas graves consequências na devastação do meio ambiente. Assim sendo, agradeço à imprensa pelas importantes informações divulgadas que me motivaram a escrever este livro.

Agradeço sinceramente à minha querida nora Mafalda Cadena von Bahten, pelo irrestrito apoio que me deu na pesquisa e na redação final de alguns capítulos, que mereceram um estudo mais profundo. Agradeço ainda pelas elogiosas palavras que deixou na minha apresentação.

Não poderia deixar também de agradecer às palavras carinhosas e gentis do meu querido neto Gustavo Luiz von Bahten, que abrilhantam o prefácio desta obra.

Aos meus familiares, que sempre me deram seu apoio com muito entusiasmo, principalmente quando começava a sonhar com um tema para um novo livro.

Marcos Alberto von Bahten

Apresentação

Nada é mais urgente para o planeta Terra do que nós, seus habitantes, enfrentarmos a dura realidade de que o estamos transformando num ambiente insalubre. Já é passada a fase de admirar e louvar a beleza da natureza. É o momento de reconhecer que nossa sobrevivência depende dela.

O autor deste livro, Marcos von Bahten, não é apenas um estudioso e testemunha da degradação do meio ambiente, mas esteve, várias vezes, entre suas vítimas. Teve que enfrentar duas grandes enchentes e outras menores, sendo forçado, assim, a recomeçar continuamente, quando já pensava em poupar tempo para conviver com os netos.

Von Bahten sempre foi um observador da natureza, professor engajado com seus alunos. Foi diretor da Escola Técnica da Móveis Cimo, na época a maior empresa de móveis da América Latina. Atuou no setor público, como secretário municipal, em diversas gestões de prefeituras do interior de Santa Catarina. Ajudou a implantar uma Fundação de Ensino, Tecnologia e Pesquisa (FETEP) e a conduziu como seu primeiro diretor. Empreendedor, professor e fomentador de ideias, foi grande incentivador da renovação das diretrizes dos empresários. Muito antes do despertar mundial para o tema, antes mesmo de ser prejudicado pelas intervenções humanas, já lutava pela proteção ambiental.

Von Bahten desenvolve temas dos quais toda a humanidade deveria ter profundo conhecimento, para que se conseguisse maior respeito e proteção do meio ambiente. Enumera atitudes efetivas na rotina das pessoas, empresas, órgãos governamentais e instituições de ensino na direção de se conservar os recursos naturais que ainda estão disponíveis e lutar pela recuperação dos que se encontram danificados, ou até em extinção.

Ao aventurar-se pelos capítulos deste livro, o leitor tomará conhecimento de novas ideias e práticas que apenas precisam de mais divulgação, disposição e atitude. O texto traz também a esperança de que, caso as adesões aos esforços sejam abrangentes, seja possível mudar os tristes prognósticos.

Mafalda A. Cadena von Bahten

Prefácio

Vivemos tempos complexos. A sociedade contemporânea estimula nos mais de sete bilhões de seres humanos um progressivo desejo de consumir. É compreensível — e mesmo desejável – que o acesso a bens de consumo seja democratizado, em escala global, de modo que, de alguma forma, satisfaça necessidades individuais e coletivas.

Todavia, nossos recursos naturais são finitos, e insuficientes para que se expanda universalmente o padrão de consumo e produção atualmente vigente nos países mais ricos do planeta.

Desse paradoxo floresce a noção de que, para que sejam garantidas condições decentes de vida a toda a humanidade, é preciso que, antes de tudo, alteremos nossos padrões de consumo e produção, modificando sensivelmente nosso próprio modelo de desenvolvimento.

Há quase três décadas, a Comissão Mundial sobre Meio Ambiente e Desenvolvimento publicou o Relatório Brundtland — também conhecido como "Nosso Futuro Comum" — que conceituou o "desenvolvimento sustentável" como aquele que "satisfaz as necessidades presentes sem comprometer a capacidade das gerações futuras de suprir suas próprias necessidades".

Desde então, a comunidade internacional vem demostrando uma crescente preocupação ambiental, resultando em uma série de tratados, reuniões e agendas que vêm reunindo apoio de Estados, da comunidade científica, de organizações não governamentais, da imprensa e de indivíduos em todo o planeta.

O professor Marcos Alberto von Bahten é parte desse movimento global e, durante as últimas décadas, vem sendo pioneiro na disseminação de valores ambientais junto ao setor industrial do sul do Brasil.

O autor foi protagonista de importantes mudanças nos métodos de produção, tendo atuado com especial ênfase junto ao setor moveleiro catarinense. Buscou parcerias ao redor do globo e, com participação ativa em diferentes fóruns internacionais na Europa e na América Latina, ajudou a difundir novas técnicas de fabrico, aumentando a eficiência produtiva e mitigando os impactos ambientais: von Bahten percebeu, há várias décadas, que a sustentabilidade não é uma barreira, mas sim uma oportunidade de crescimento para nosso país.

Neste diapasão, esta obra busca inspirar o leitor a refletir acerca da imprescindibilidade da superação do atual modelo desenvolvimentista, almejando conciliar a progressiva demanda pela satisfação de necessidades individuais com a necessidade imperativa de proteção e preservação de recursos naturais escassos.

Em breve síntese, este livro alerta para o fato de que se faz inadiável a mobilização dos atores internos e internacionais para que sejam reformuladas práticas com o firme escopo de erradicar problemas ambientais contemporâneos. A proteção de nosso planeta torna-se condição inafastável para a construção de um paradigma de desenvolvimento inclusivo que, pautado pela sustentabilidade, seja estruturado em benefício de toda a humanidade.

Gustavo Luiz von Bahten

Mensagem inicial

Como assíduo leitor de jornais e revistas, acompanho atentamente o desenrolar de eventos atuais, principalmente as notícias que, por sua importância, ocupam as manchetes. Também leio muitos livros, cujos temas me atraem a ponto de me empenhar em chegar ao seu desfecho rapidamente. A aposentadoria me faculta tempo livre para trocar ideias sobre os principais fatos com meus filhos, netos e amigos, e assim me manter atualizado com o que acontece no mundo.

Há algum tempo, busquei na tarefa de escrever livros a minha ocupação principal. O computador é minha ferramenta preferida, por me facilitar pesquisas, contatos e, é claro, o meu trabalho diário.

Sempre fui um interessado em pesquisa, tendo exercido por muitos anos a função de professor e consultor empresarial. Os títulos das obras que publiquei revelam seus conteúdos ligados às áreas técnicas e históricas.

O prezado leitor já deve ter percebido, como eu, as atuais mudanças climáticas, e se preocupado com o que vemos acontecendo no nosso planeta. São problemas resultantes, em grande parte, da ação nefasta dos seres humanos, que resulta na excessiva produção de gás carbônico e gás metano oriundos das nossas atividades e escolhas, muitas delas irresponsáveis, outras apenas displicentes.

Essas ações afetam todos os ecossistemas, destruindo-os paulatinamente e trazendo como consequência a morte de inúmeros seres vivos, grande parte deles de tamanho microscópico, mas cuja falta acaba afetando inúmeros biomas indispensáveis para a nossa vida na Terra.

Assim, vemos o caminho que estamos tomando, que não é outro senão nossa própria destruição. Verificamos, graças a Deus, que comunidades no mundo todo atuam e se preparam, criando organizações específicas com o fim de iniciar o caminho inverso em nossas comunidades, Estados e países, praticando ações que visam reverter essa situação emergencial.

Convenci-me de que, para obter resultados positivos, essas ações deverão ser praticadas em todo o planeta, começando pelos governos constituídos, que deverão dispor de recursos substanciais para esse fim.

Dessa forma, pelo exemplo vindo de cima, não tenho dúvidas de que as empresas, o povo, as instituições que se estão criando ligadas à preservação do meio ambiente e as Associações de Classe se envolverão cada vez mais, colaborando entre si e ajudando-se mutuamente, dentro de suas capacidades e competências, para a reversão dessa situação calamitosa pela qual passa a humanidade.

Voltando à afirmação inicial, como a mídia está há tempos trazendo notícias e estudos que alertam sobre esse tema, mais pessoas estão se sensibilizando. Vejo, entretanto, que parte da sociedade está um pouco afastada dessa realidade, e isso me motivou a escrever este livro, reunindo explicações mais detalhadas sobre o que está acontecendo, com o objetivo de enriquecer os debates e inspirar ações mais efetivas.

Poucos se interessam por livros que relatam a formação do universo, e se esquecem de que a nossa Terra é regida pelas mesmas leis que regulam nossa galáxia e nosso Sistema Solar.

Levando esse fato em consideração, procurei incluir temas sobre a origem do universo, nosso Sistema Solar, envolvendo a Terra e sua biodiversidade, obedecendo a uma sequência didática. Embarco assim, com o leitor, num retorno às aulas do colégio, a um passado não muito distante, cujas informações buscam compreender, com mais facilidade, as razões pelas quais nosso planeta está se aquecendo em demasia e quais as consequências desse fato.

Assim, vamos todos nos envolver nessa missão e contribuir para a salvação do nosso planeta, e, principalmente, dos seres vivos que o habitam, com destaque para o ser humano.

Para facilitar que desde cedo as novas gerações tomem conhecimento de todos esses fenômenos, respeitem suas consequências e aprendam as soluções apontadas para minimizar esses impactos, sugiro com destaque, no final deste livro, a inclusão desses temas nas disciplinas escolares, principalmente no ensino médio e superior.

Procurei dar ênfase a fatos reais que estão acontecendo em todos os continentes, ceifando vidas e destruindo o que várias gerações construíram ao longo do tempo. Refiro-me aos ciclones cada vez mais frequentes que arrasam cidades, que até então não estavam sujeitas a esse fenômeno. Os ciclones atingem velocidade cada vez maior, assim como a intensidade das chuvas, que inundam e destroem bairros inteiros, deixando as populações à mercê do tempo. A intensidade cada vez maior de raios infravermelhos está ameaçando a vida dos seres vivos, como consequência do rompimento da camada de ozônio, protetora da atmosfera que envolve a Terra.

O progressivo aumento das temperaturas mundiais vem causando intempéries, o efeito estufa, o degelo das calotas polares e a redução substancial dos ambientes glaciais, tanto nas regiões polares, como nas porções mais altas de cadeias de montanhas em todas as regiões do globo. Essa redução dos glaciares provoca, por sua vez, o aumento do nível dos mares, o que pode contribuir para o desaparecimento, em curto prazo, de cidades litorâneas.

Simultaneamente, grandes regiões podem se transformar em desertos devido à falta de água, elemento essencial para a vida na Terra. O clima sofrerá violentas transformações, tornando as tempestades fenômenos frequentes e imprevisíveis. Assim, o caos poderá tomar conta da superfície terrestre, eliminando inúmeras espécies vivas e obrigando o homem a se proteger enquanto possível, ou mesmo compelindo-o a construir naves para buscar planetas habitáveis em outras galáxias (situação análoga, na Bíblia, à construção da Arca de Noé, que salvou os seres vivos do dilúvio).

Para aliviar essa visão estarrecedora de uma possível realidade futura, a capa deste livro mostra uma imagem das Cataratas do Iguaçu (Paraná, Brasil), atração recentemente reconhecida como uma das maravilhas da natureza, que, se espera, possa ser preservada.

Introdução

O título "A sobrevivência da humanidade", preocupação perene e crescente de tantos ramos da ciência, exige de nós profunda reflexão. Ocupados com nossas tarefas atuais e projetos futuros, pouco nos preocupamos com a sobrevivência de nossa espécie e ou de outros seres vivos que habitam o nosso planeta. É claro que existem exceções, porém são poucas.

Mas nem sempre foi assim. Há alguns milhares de anos, os seres humanos olhavam para o céu e adoravam o Sol e a Lua como divindades. Respeitavam a imensidão do firmamento porque se sentiam sozinhos neste universo, mesmo sem saber nada sobre essa cintilação dos corpos celestes. Atualmente, após séculos de avanço tecnológico, parecemos nos esquecer de que continuamos possivelmente sozinhos no universo.

O mundo científico tem nos alertado a respeito da grande influência do homem no aumento da frequência e intensidade de eventos catastróficos ligados ao clima. Quando iniciei a jornada de elaboração deste livro, busquei fundamentos nessa temática, para envolver o leitor na estratégia de divulgação dos problemas já comprovados e informá-lo a respeito da adoção de medidas urgentes e da descoberta de soluções e atitudes preventivas.

Neste roteiro, sem a pretensão de tratar de toda a ciência disponível nesse campo, procurei enfocá-lo resumidamente em alguns capítulos. Em outros, abordei detalhes, selecionando criteriosa, didática e resumidamente os itens mais atualizados. Registrei dados e autores dos textos referenciados, incluindo, naturalmente, os devidos comentários adicionais, quando necessários, para o perfeito entendimento do assunto em pauta.

É válida uma revisão do processo de formação do universo, desde o *Big Bang*, analisando as galáxias, com suas estrelas e planetas, cometas e demais corpos celestes, antes de focar nos problemas na Terra. Essa recapitulação permite embasar a argumentação necessária, para que o prezado leitor possa convencer mais pessoas das medidas que todos precisamos adotar. O objetivo é a formação de uma forte corrente engajada para proteger tudo o que é essencial à qualidade de vida na Terra.

Aqui abro especiais parênteses, pois, na missão de apresentar um estudo didático e atualizado, tive a honra de receber uma colaboração que em muito enobrecerá o conteúdo deste livro. Trata-se de um artigo que me foi enviado por um importantíssimo astrofísico brasileiro, meu aluno de segundo grau nos anos 1960, em Rio Negrinho, SC. Com Graduação em Física pela USP, mestrado e doutorado em Astronomia, também pela USP, o Prof. Dr. João Evangelista Steiner obteve seu pós-Doutorado em Astrofísica Estelar no Harvard-Smithsonian Center For Astrophysics (CFA), Estados Unidos. Atualmente, Steiner é professor titular do Instituto de Astronomia, Geofísica e Ciências Atmosféricas da USP. Seus dados no Curriculum Lattes, impressionantes, enchem de orgulho este antigo professor.

Voltando ao estudo do universo, apesar das teorias iniciais da Terra plana, imaginada pelas antigas civilizações, há cerca de 2400 anos os gregos já haviam proposto a tese de que a terra seria redonda. Foi Aristóteles (384-322 a.C.) quem concluiu que a forma da Terra deveria ser esférica, mas seu raciocínio também exigia que a Terra estivesse no centro do universo (Modelo Geocêntrico). Erastóstenes (276-194 a.C.), chegou mesmo a calcular geometricamente o diâmetro da Terra, obtendo um valor somente 15% maior do que o valor real. O egípcio Ptolomeu (90-168 d.C) modificou o modelo de Aristóteles introduzindo os epiciclos, e somente em 1510 Copérnico descreveu seu modelo heliocêntrico na obra Commentariolus que só foi publicada após sua morte.

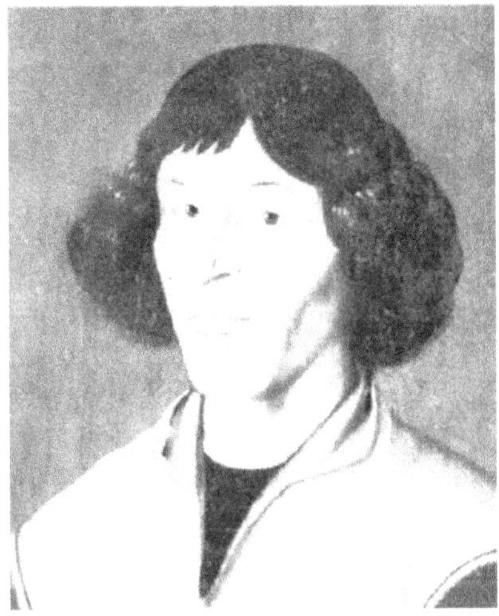

Nicolaus Copernicus (1473-1543).

Com o desenvolvimento de novas técnicas ópticas, mecânicas e fotográficas, a ideia das estrelas fixas foi ultrapassada. Essas imensas distâncias entre a Terra e as estrelas permitiram a descoberta de que o Sol é uma estrela, e que, portanto, cada estrela poderia hospedar um sistema planetário.

Nos diversos capítulos que compõem este livro, procurei abordar ainda a vida que existe no nosso planeta, o meio ambiente, sua biodiversidade e seus ecossistemas, assim como a poluição, o aquecimento global e o efeito estufa, sempre enfatizando caminhos que a humanidade deverá trilhar para poder continuar habitando o nosso planeta.

Atualmente, com o progressivo crescimento demográfico (estatísticas recentes apontam mais de sete bilhões de habitantes), aumentam as preocupações com a maior produção de alimentos. Em contraposição, isso não pode levar à diminuição das florestas ainda existentes, para que não falte água para as futuras gerações.

É alentador que, finalmente, os governos de vários países, bem como organizações não governamentais, empresas públicas e privadas e entidades diversas já estejam atuando nesse sentido. Mas se sabe que o mundo está muito atrasado nas iniciativas, e que temos que correr contra o tempo. Há problemas demais a serem resolvidos, alguns muito urgentes e amplamente disseminados. Principalmente, é preciso vencer o ceticismo, o comodismo e a inércia, tanto dos governantes, quanto dos cidadãos.

Nas pesquisas que realizei, compilei informações cuidadosamente garimpadas na internet, em vários sites e publicações de vários autores, todos mencionados nos capítulos correspondentes ou constantes nas referências bibliográficas deste livro. Procurei identificar as fontes de informação mais atualizadas e adequadas para explicar o embasamento de algumas ideias, fatos e temas que compõem os diversos capítulos. Dessa forma, foi possível relatar fenômenos relacionados à formação do universo, à vida na Terra e aos demais temas abordados nesta obra, mostrando, à luz da ciência, as descobertas mais recentes suas interpretações.

Não me atreveria a entrar diretamente nesta seara, transferindo somente os meus conhecimentos adquiridos ao longo do tempo, mesmo porque não sou um especialista na área. Sou apenas um estudioso em busca de causas, efeitos e possíveis soluções dentro da complexidade do tema que abordamos: a sobrevivência da humanidade.

PRIMEIRA PARTE
NOÇÕES FUNDAMENTAIS DO UNIVERSO

Este capítulo é baseado em informações obtidas junto ao meu amigo Prof. Dr. João E. Steiner, diretor do Instituto de Estudos Avançados da USP. Considero indispensável, para a compreensão do tema central deste livro, que se faça uma revisão dos estudos fundamentais a respeito da formação do universo. Igualmente importante é a necessidade de um resumo das mais recentes descobertas da ciência, e a publicação do Prof. Dr. Steiner me auxiliou bastante nesse propósito.

Para alguns, essas noções básicas podem ser facilmente reavivadas na memória, enquanto para outros podem soar familiares, embora se lembrem delas apenas vagamente. Boa parte desses princípios, caso fossem mais disseminados, provocariam nos seres humanos mais interesse e respeito pelo meio ambiente. Alheios ao mal que está sendo feito diariamente, nada fazem para evitá-lo e acabam displicentemente ajudando a agravar a situação.

É fácil constatar que a população em geral, organizações não governamentais, e mesmo boa parte dos governos ou se mantém em total inércia, ou têm tomado poucas atitudes para a proteção do meio ambiente e reservas da natureza. Quando agem, o fazem sem a urgência necessária para evitar que a humanidade continue caminhando de encontro à catástrofe que parece se tornar mais próxima a cada passo.

Caso se confirme esse destino catastrófico, será principalmente em consequência da ação nefasta realizada pelo homem, pela aceleração das ações que agridem o meio ambiente intensificando o efeito estufa, tornando mais difícil a sobrevivência da vida na Terra.

Este livro pretende oferecer algumas respostas e explicações para fenômenos com os quais o leitor certamente já se confrontou, provendo novas informações que lhe suscitarão outras perguntas. À medida que for avançando comigo nestas páginas, terá sua curiosidade e seu interesse despertados.

1. A ORIGEM DO UNIVERSO E DO HOMEM
João E. Steiner

A origem das coisas sempre foi uma preocupação central da humanidade, a origem das pedras, dos animais, das plantas, dos planetas, das estrelas e de nós mesmos. Mas a origem mais fundamental de todas parece ser a origem do universo como um todo — tudo o que existe. Sem esse, nenhum dos seres e objetos citados, e nem nós mesmos poderíamos existir.

Talvez por essa razão, a existência do universo como um todo, sua natureza e origem foram assuntos de preocupação em quase todas as civilizações e culturas. De fato, cada civilização conhecida pela antropologia teve uma cosmogonia — uma história de como o mundo começou e continua, de como os homens surgiram e o que os deuses esperam de nós.

O entendimento do universo foi, para essas civilizações, algo muito distinto do que nos é ensinado hoje pela ciência. Mas a ausência de uma cosmologia para essas sociedades, uma explicação do mundo em que vivemos, seria tão inconcebível quanto a ausência da própria linguagem. Essas explicações, por falta de outras formas de entendimento da questão, sempre tiveram fundamentos religiosos, mitológicos ou filosóficos.

Só recentemente a ciência pôde oferecer sua versão para os fatos. A razão principal para isso é que a própria ciência é recente. Como método científico experimental, podemos nos referir a Galileu Galilei (1564-1642, astrônomo, físico e matemático italiano) como um marco importante. Não obstante, já os gregos haviam desenvolvido métodos geométricos sofisticados e precisos para determinar órbitas e tamanhos de corpos celestes, bem como para previsão de eventos astronômicos. Não podemos nos esquecer de que egípcios e chineses, assim como incas, maias e astecas também sabiam interpretar os movimentos dos astros.

É surpreendente que possamos entender o universo físico de forma racional e que ele possa ser pesquisado pelos métodos da Física e da Astronomia desenvolvidos nos nossos laboratórios e observatórios. A percepção dessa dimensão e da capacidade científica nos foi revelada de forma mais plena nas décadas de 1910, 1920 e 1930, mas a história da cosmologia (a estrutura do universo) e da cosmogonia (a origem do universo) não começou, nem parou aí.

Gravura de Flammarion (artista anônimo, reproduzida no livro A atmosfera: meteorologia popular de Camille Flammarion, publicado em 1888) ilustrando a cosmologia medieval da Terra plana, centrada na aldeia do observador e derivada da experiência cotidiana. À esquerda, vê-se um "curioso" que procura romper a esfera das estrelas fixas com o objetivo de descobrir os mecanismos que produzem o movimento do Sol, da Lua e das estrelas.

Cosmologias da Terra plana

Como era a cosmovisão, a forma do universo imaginada pelos antigos egípcios, gregos, chineses, árabes, incas, maias e tupis-guaranis, que não tinham acesso às informações da moderna astronomia?

Para quase todas as civilizações, sempre foi necessário acomodar não só a face visível da Terra e do céu, mas também incluir, possivelmente no espaço, o mundo dos mortos, tanto os abençoados como os condenados, além dos reinos dos deuses e dos demônios. A experiência do cotidiano sugere que o mundo em que vivemos é plano. Além disso, muitas cosmologias eram interpretações associadas ao ambiente físico ou cultural da civilização em questão. Por exemplo, para os egípcios, o universo era uma ilha plana cortada por um rio, sobre a qual estava suspensa uma abóbada sustentada por quatro colunas. Na Índia antiga, as várias cosmologias dos hindus, brâmanes e budistas, entre outros, tinham em comum o pressuposto da doutrina da reencarnação e as configurações físicas deveriam acomodá-la, incluindo os diversos níveis de céus e infernos por ela demandada. Para os hindus, por exemplo, o universo era um ovo redondo coberto por sete cascas concêntricas, feitas com distintos elementos. Já os babilônios imaginavam um universo em duas camadas conectadas por uma escada cósmica. A civilização maia era fortemente dependente do milho e das chuvas, muitas vezes escassas, que vinham do céu. Para eles, no começo havia apenas o céu, o mar e o criador. Este, após várias tentativas fracassadas, conseguiu construir pessoas a partir de milho e água.

No antigo testamento judaico-cristão, a Terra era relatada em conexão ao misterioso firmamento, às águas acima do firmamento, às fontes do abismo, ao limbo e à casa dos ventos. O livro do Gênesis narra, também, que o universo teve um começo: "No princípio Deus criou os céus e a Terra. A Terra, porém, estava informe e vazia; as trevas cobriam o abismo e o Espírito de Deus pairava sobre as águas. Deus disse: 'Faça-se a luz'. E a luz foi feita. Deus viu que a luz era boa, e separou a luz das trevas. Deus chamou à luz DIA, e às trevas NOITE. Houve uma tarde e uma manhã: foi o primeiro dia".

Modelos geocêntricos

Há cerca de 2400 anos, os gregos já haviam desenvolvido sofisticados métodos geométricos e o pensamento filosófico. Não foi, pois, por acaso, que eles propuseram uma cosmologia mais sofisticada do que a ideia do universo plano: um universo esférico, a Terra, circundado por objetos celestes que descreviam órbitas geométricas e previsíveis e também pelas estrelas fixas. Uma versão do modelo geocêntrico parece ter sido proposta inicialmente por Eudoxus de Cnidus (c.400-c.337 a.C., matemático e astrônomo grego, nascido na atual Turquia) e sofreu diversos aperfeiçoamentos. Um deles foi proposto por Aristóteles (384-322 a.C.), que demonstrou que a Terra é esférica, chegando a esta conclusão a partir da observação da sombra da Terra projetada durante um eclipse lunar. Ele calculou, também, o seu tamanho — cerca de 50% maior do que o valor correto. O modelo geocêntrico de Aristóteles era composto por 49 esferas concêntricas que procuravam explicar os movimentos de todos os corpos celestes. A esfera mais externa era a das estrelas fixas, e controlava todas as esferas internas. Esta, por sua vez, era controlada por uma agência (entidade) sobrenatural.

Esse modelo geocêntrico grego teve outros aperfeiçoamentos. Erastóstenes (c.276-c.194 a.C., escritor grego, nascido na atual Líbia) mediu a circunferência da Terra por método experimental, obtendo um valor cerca de 15% maior do que o valor real. Já Ptolomeu (Claudius Ptolomeus, segundo século a.C., astrônomo e geógrafo egípcio) modificou o modelo de Aristóteles, introduzindo os epiciclos, isto é, um modelo no qual os planetas descrevem movimentos de pequenos círculos que se movem sobre círculos maiores, estes centrados na Terra.

A teoria heliocêntrica

A ideia de que o Sol está no centro do universo e de que a Terra gira em torno dele, conhecida como teoria heliocêntrica, já havia sido proposta por Aristarco de Samos (c.320-c.250 a.C., matemático e astrônomo grego). Ele propôs essa teoria com base nas estimativas dos tamanhos e distâncias do Sol e da Lua, e concluiu que a Terra gira em torno do Sol e que as estrelas formariam uma esfera fixa, muito distante. Essa teoria atraiu pouca atenção, principalmente porque contradizia a teoria geocêntrica de Aristóteles, então com muito prestígio e, também, porque a ideia de que a Terra está em movimento não era muito atraente.

Cerca de dois mil anos mais tarde, em 1510, Copérnico (Nicolaus Copernicus, 1473-1543, astrônomo polonês) descreveu seu modelo heliocêntrico na obra *Commentariolus*, que circulou anonimamente. Copérnico parece ter previsto o impacto que sua teoria provocaria, tanto assim que só permitiu que a obra fosse publicada após sua morte. A teoria foi publicada abertamente em 1543 no livro *De Revolutionibus Orbium Coelesti* e dedicada ao papa Paulo III.

O modelo heliocêntrico provocou uma revolução não somente na astronomia, mas também um impacto cultural com reflexos filosóficos e religiosos. O modelo aristotélico havia sido incorporado de tal forma no pensamento, que tirar o homem do centro do universo acabou se revelando uma experiência traumática.

Por fim, o modelo heliocêntrico de Copérnico afirmou-se como o correto. Mas por que o modelo de Aristarco de Samos não sobreviveu, cerca de 2000 anos antes, se afinal também estava certo? Basicamente porque, para fins práticos, não fazia muita diferença quando comparado com o modelo geocêntrico. As medidas não eram muito precisas e tanto uma teoria quanto a outra davam respostas satisfatórias. Nesse caso, o modelo geocêntrico parecia mais de acordo com a prática do dia a dia. Além disso, era um modelo homocêntrico, o que estava de acordo com o demandado por escolas filosóficas e teológicas.

Após a publicação da teoria de Copérnico, no entanto, alguns avanços técnicos e científicos fizeram que ela se tornasse claramente superior ao sistema de Ptolomeu. Tycho Brahe (1546-1601, astrônomo dinamarquês) teve um papel importante ao avançar as técnicas de fazer medidas precisas com instrumentos a olho nu, pois lunetas e telescópios ainda não haviam sido inventados. Essas medidas eram cerca de dez vezes mais precisas do que as medidas anteriores. Em 1597 ele se mudou para Praga, onde, em 1600, contratou Johannes Kepler (1571-1630, matemático e astrônomo alemão) como seu assistente. Mais tarde, Kepler usou as medidas de Tycho para estabelecer suas leis de movimento dos planetas. Essas leis mostravam que as órbitas que os planetas descrevem são elipses, tendo o Sol em um dos focos. Com isso, cálculos teóricos e medidas passaram a ter uma concordância muito maior do que no sistema antigo. Se não por outro motivo, essa precisão e a economia que ela propiciava seriam tão importantes para as grandes navegações que ela se imporia por razões práticas.

Galileu, ao desenvolver a luneta, criou um instrumento vital para a pesquisa astronômica, pois ampliou a capacidade do olho humano de forma extraordinária. Apontando para o Sol, descobriu as manchas solares; apontando para Júpiter, descobriu as quatro primeiras luas; e ao olhar para a Via Láctea, mostrou que ela é composta por miríades de estrelas.

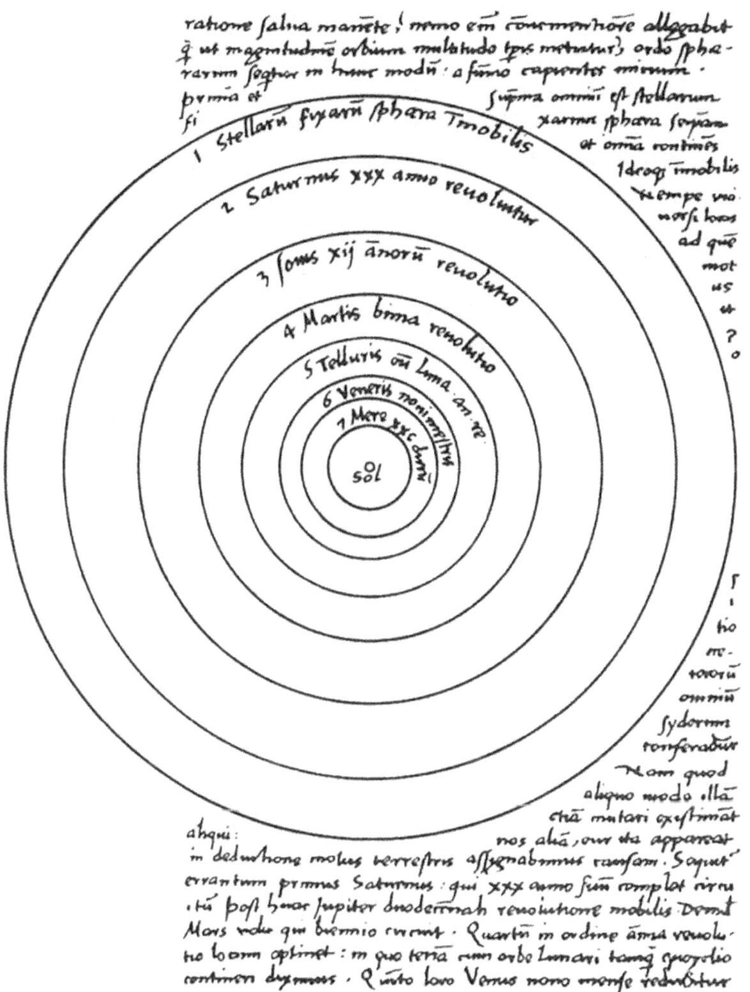

Ilustração do manuscrito original de Copérnico que colocou o Sol no centro do universo.

A descoberta da galáxia

Foi exatamente com o desenvolvimento de técnicas ópticas, mecânicas e fotográficas que se passou a determinar a distância das estrelas mais próximas, e com isso a ideia de esfera das estrelas fixas foi superada. Com a medida das distâncias das estrelas — extraordinariamente grandes —, estabeleceu-se a interpretação de que o Sol e as estrelas são objetos da mesma natureza. Portanto, cada estrela poderia ter, em princípio, o "direito" de hospedar um sistema planetário.

Uma das primeiras concepções consistentes sobre a natureza da galáxia — e surpreendentemente correta — foi feita por Kant (Immanuel Kant, 1724-1804, filósofo alemão) que, aos 26 anos e muito antes de se tornar a grande referência em filosofia, tomou contato com os pensamentos de Newton e desenvolveu a ideia de que o Sistema Solar teria se originado a partir da condensação de um disco de gás. Concebeu, também, a ideia de que o Sistema Solar faz parte de uma estrutura achatada, maior, à qual hoje chamamos de "galáxia", e de que muitas das nebulosas então observadas como manchas difusas são sistemas semelhantes, às quais ele denominou "universos-ilhas".

Os avanços observacionais mais importantes, que levaram à compreensão detalhada da distribuição das estrelas no céu, foram feitos por Wilhelm Herschel (1738-1822, astrônomo e músico inglês, nascido na Alemanha), primeiro construtor de grandes telescópios com os quais podia detalhar os objetos fracos com maior precisão.

Estrelas se distribuem no espaço tanto de forma dispersa quanto em grupos, chamados de aglomerados de estrelas. No estudo de tais aglomerados percebeu-se que eles não se distribuem ao acaso no espaço, mas definem uma configuração à qual chamamos de galáxia, visível a olho nu, como a Via Láctea. O Sol, a estrela mais próxima de nós, está a 159 milhões de quilômetros, mas é mais fácil dizer que ele está a oito minutos-luz. Afinal, a luz leva oito minutos para chegar do Astro-rei até a Terra.

O mapa feito com os aglomerados globulares de estrelas mostrou que a galáxia tem um diâmetro de aproximadamente 90 mil anos-luz e é composta de 100 bilhões de estrelas, todas girando em torno de um núcleo comum, que dista cerca de 25 mil anos-luz do Sol. Logo se percebeu que existe um grande número de formações semelhantes no universo. São as *Nebulae*, que hoje chamamos, genericamente, de galáxias.

Nebulosas e estrelas da Via Láctea em imagem panorâmica (NASA, 20 de maio de 2011).

Quando observamos a estrela mais próxima do Sistema Solar, Alfa de Centauro, estamos enxergando o passado. Ela se encontra a 4,3 anos-luz de distância, quer dizer, a luz que agora observamos foi emitida 4,3 anos atrás e viajou todo esse tempo para chegar até aqui. Estamos, de fato, observando o passado. Quando olhamos para a nossa vizinha galáxia de Andrômeda, vemos como ela era 2,4 milhões de anos atrás. Muitas estrelas que estamos vendo hoje já deixaram de existir há muito tempo.

A teoria do *Big Bang*

Na década de 1920, o astrônomo americano Edwin Hubble procurou estabelecer uma relação entre a distância de uma galáxia e a velocidade com que ela se aproxima e se afasta de nós. A velocidade da galáxia se mede com relativa facilidade, mas a distância requer uma série de trabalhos encadeados e, por isso, o processo é trabalhoso e relativamente impreciso. Após muito trabalho, Hubble descobriu uma correlação entre a distância e a velocidade das galáxias que ele estava estudando, a chamada Lei de Hubble: quanto maior a distância, com mais velocidade ela se afasta de nós. Portanto, as galáxias próximas se afastam lentamente e as galáxias distantes se afastam rapidamente. Como explicar essa lei?

Num primeiro momento, poderíamos pensar que, afinal, estamos no centro do universo, um lugar privilegiado. Todas as galáxias sabem que estamos aqui e por alguma razão fogem de nós. Mas essa explicação parece pouco copernicana. A essa altura dos acontecimentos, ninguém mais acreditava na centralidade cósmica do homem. Precisamos achar, então, outra explicação.

A outra explicação pode ser facilmente entendida se fizermos uma analogia bidimensional do universo. Costumamos dizer que vivemos num universo de três dimensões espaciais: podemos andar para frente, para os lados e pular para cima. Além disso, existe a dimensão do tempo. Essas quatro dimensões compõem o espaço-tempo do universo em que vivemos.

Poderíamos imaginar outros universos. Do ponto de vista matemático, podemos imaginar, por exemplo, universos bidimensionais. A superfície de uma bola é uma entidade de duas dimensões, assim como o é a superfície de uma mesa. Poderíamos, agora, imaginar a superfície de uma bexiga de aniversário como um universo bidimensional. Sobre a sua superfície poderíamos desenhar galáxias bidimensionais, povoadas por formigas também de duas dimensões. Algumas dessas formigas poderiam ser astrônomas, cuja tarefa seria observar outras galáxias, medir suas distâncias e velocidades.

Imaginemos, agora, que alguém sopre na bexiga de tal forma que ela se expanda. O que a formiga-

-astrônoma vai observar? Que as galáxias próximas se afastam lentamente ao passo que as galáxias distantes se afastam rapidamente do observador. Isto é, a formiga descobriu a Lei de Hubble. Se, por hipótese, em vez de uma bexiga em expansão, ela estivesse se esvaziando, em contração, a formiga verificaria que todas as galáxias se aproximam uma das outras; um efeito contrário ao da Lei de Hubble. Portanto, essa lei mostra que nosso universo está em expansão! Isto é, no futuro ele será maior e no passado foi menor do que ele é hoje. Quanto mais no passado, menor, até que imaginássemos a bexiga tão pequena que se reduziria a um ponto. A este ponto inicial, a ideia de que o universo surgiu de uma explosão no passado, chamamos de *Big Bang*. Desde então, ele está se expandindo, até hoje, e a lei de Hubble é a confirmação disso. Há quanto tempo isso teria acontecido? As indicações mais recentes são de que o *Big Bang* ocorreu há 13,7 ($\pm$ 0,2) bilhões de anos.[1]

A Nebulosa M16, cuja imagem em alta resolução foi obtida com o telescópio espacial Hubble, nada mais é do que um berçário no qual novas estrelas estão nascendo. A luz das novas estrelas ilumina o gás que as está formando.

De fato, trabalhos teóricos do abade belga Georges Lemaitre, de 1927, mostraram que a Teoria da Relatividade Geral de Albert Einstein é compatível com a recessão das Nebulae (como eram então chamadas as galáxias). Lemaitre foi o primeiro a propor que o universo teria surgido de uma explosão, de um "átomo primordial".

---

1 Como teoria rival do *Big Bang*, persistiu por muito tempo a teoria do estado estacionário. Essa teoria baseia-se no Princípio Cosmológico Perfeito, segundo o qual o universo é homogêneo, isotrópico e constante no tempo. Esse modelo era bem-visto pelos físicos, principalmente porque eliminava os problemas de ter havido uma origem no tempo. Esse princípio é incompatível com as observações que mostram que o universo evolui com o tempo.

Edwin Hubble junto ao seu telescópio em 1949, no Observatório Palomar.

Nebulosa M16, "Pilares da criação", fotografada pelo telescópio Hubble (NASA).

Uma pergunta imediata que poderia nos ocorrer seria: para que direção do espaço se deve olhar para enxergarmos onde essa explosão ocorreu? Se o universo está se expandindo, dentro de onde? Ora, no modelo de bexiga — universo de duas dimensões — o *Big Bang* ocorreu no centro da bexiga, não na sua superfície.

O espaço é a superfície. O interior é o passado e o exterior, o futuro; o centro, a origem do tempo. Portanto, a explosão não ocorreu no espaço, mas no início do tempo, e o próprio espaço surgiu nessa singularidade temporal. Esse exemplo simples nos mostra como o modelo bidimensional pode ilustrar, de forma intuitiva, porém confiável, questões fundamentais de cosmologia; agregar uma terceira dimensão é apenas uma questão de habilidade matemática!

Podemos, agora, voltar à reflexão de que olhar para longe é ver o passado. Seria possível observar o universo evoluir? Essa ideia parece interessante. Quanto mais longe olhamos, mais vemos um universo mais jovem. Poderíamos, então, observar a época em que as galáxias nasceram? Sim, basta que tenhamos tecnologia para isso. Basta que tenhamos instrumentos que nos permitam observar o universo há 12 bilhões de anos-luz de distância. Essa tecnologia já está disponível com os novos e grandes telescópios. Com isso é possível observar quando, como e por que as galáxias nasceram — essa é uma das áreas mais palpitantes da ciência contemporânea.

Outra pergunta que naturalmente se faz é: o que foi o instante zero e o que havia antes? A teoria da relatividade prevê que no instante zero a densidade teria sido infinita. Para tratar essa situação, é necessária uma teoria de gravitação quântica que ainda não existe e, portanto, essa questão não é passível de tratamento científico até este momento. Entender essa fase da história do universo é um dos maiores problemas não resolvidos da física contemporânea.

As confirmações do *Big Bang*

No final dos anos de 1940, o astrônomo George Gamow sugeriu que a explosão inicial poderia ter deixado resquícios observáveis até hoje. Ele pensou que um universo tão compacto e quente teria emitido muita luz. Com a expansão, a temperatura característica dessa luz teria abaixado. Segundo cálculos simples, hoje ela talvez pudesse ser observada na radiação de micro-ondas, com uma temperatura de cerca de 5 graus Kelvin. Em 1965, dois engenheiros, Arno Penzias e Robert Wilson, procuravam a origem de um ruído eletromagnético que estava atrapalhando as radiopropagações de interesse para um sistema de telecomunicações.

Descobriram que a radiação vinha de todas as direções para as quais apontassem sua antena. Mediram a temperatura dessa radiação, e encontraram um valor para a temperatura não muito diferente do previsto, de 2,7 graus Kelvin (próximo ao zero absoluto). Era a confirmação da teoria do *Big Bang*, e Penzias e Wilson receberam o Prêmio Nobel de Física em 1978.

Na ciência, quando se faz uma previsão específica baseada em uma teoria e essa previsão é confirmada, a teoria em questão sai fortalecida. Foi o que aconteceu com o episódio da radiação cósmica de fundo: ponto para a teoria do *Big Bang*, que passou a ter supremacia absoluta sobre sua teoria rival, a teoria do estado estacionário, segundo a qual o universo é o que sempre foi.

Mas essa não foi a única confirmação da teoria. O *Big Bang* também prevê que o elemento hélio se formou nos primeiros três minutos após a explosão, e que cerca de um quarto da matéria do universo formou-se desse elemento e três quartos sob a forma de hidrogênio. Quando se conseguiu medir essa abundância primordial do hélio, o valor encontrado confirmou com precisão o previsto.[2]

---

2 Existem outras evidências em suporte à teoria do *Big Bang*. Se o universo não fosse finito no tempo, o céu noturno não seria escuro. Além disso, galáxias evo-

Robert Wilson e Arno Penzias junto à sua antena (1965).

Inflação, matéria escura e energia escura

Mesmo com as evidências observacionais em favor do *Big Bang*, por muito tempo discutiu-se a viabilidade dessa teoria. Diversos problemas teóricos dificultavam uma descrição precisa das observações, até que, em 1982, o físico americano Alan Guth propôs uma solução que, de início, pareceu insólita para muitos: a teoria do *Big Bang* inflacionário. De acordo com essa ideia, o universo teria passado por uma fase de expansão extraordinária: quando a idade do universo era de um trilionésimo de trilionésimo de trilionésimo de segundo (sic), o universo expandiu-se subitamente por um fator gigantesco (esse fator é o número 1 seguido de 50 zeros!). Com esse modelo, alguns problemas teóricos desapareceram, mas, naturalmente, uma

---

luem com o tempo, tornando-se mais velhas, com mais elementos químicos pesados. Isso é confirmado diretamente pelas observações. Quanto mais longe observamos no universo, mais jovens (menos evoluídas) são as galáxias.

proposta tão insólita careceria de evidências lastreadas na realidade.

Estas não tardaram a aparecer. A inflação propõe que as galáxias teriam sido formadas a partir de sementes geradas no período inflacionário, e flutuações quânticas correspondentes ao Princípio da Incerteza de Heisenberg, amplificadas pelo fator da inflação, teriam dado origem às galáxias. Essa ideia seria testável, pois prevê a existência de pequenas flutuações na temperatura da radiação cósmica de fundo.

Muito se pesquisou a esse respeito até que, em 1992, o satélite Cobe determinou não só que essas flutuações existem, mas que elas se comportam exatamente de acordo com o previsto pela teoria inflacionária. Por esse trabalho, os pesquisadores norte-americanos George Smoot e John Mather receberam o Prêmio Nobel de Física em 2006.

O que teria causado a inflação? Imagina-se que poderia ter ocorrido pelo que se chama de transição de fase. Por exemplo, a transformação da água em gelo (transição líquido-sólido) é uma transição de fase que libera energia latente da água. Da mesma forma, uma transição de fase no *Big Bang* teria liberado energia latente, responsável pela expansão súbita do universo.

Com frequência as galáxias se encontram em famílias, chamadas de aglomerados. O aglomerado de Virgo tem 800 galáxias; o de Coma, duas mil. Em 1933, o astrônomo suíço Fritz Zwicky mediu a massa do aglomerado de galáxias de Coma e verificou que esse valor era cerca de 400 vezes maior que a soma das massas das suas galáxias individuais. Portanto, havia uma "matéria escura", responsável por manter o aglomerado coeso. Por muitas décadas essa pesquisa não mereceu muito crédito.

Na década de 1960, no entanto, medidas feitas em muitas outras galáxias mostraram que também aí havia uma misteriosa matéria escura. Na Via Láctea ela corresponde a dez vezes a massa visível sob forma de estrelas ou gás. Para toda parte que se olha, essa misteriosa matéria parece estar presente. Mas o que é essa massa misteriosa? Muito já se especulou sobre sua natureza, mas ainda não se encontrou nenhuma resposta convincente. Apenas sabemos que a natureza dela é diferente de toda a matéria que conhecemos.

Galáxia em espiral semelhante à Via Láctea. Cada galáxia dessas tem cerca de 100 mil anos-luz de diâmetro e é composta de 100 bilhões de estrelas. As manchas mais brilhantes que acompanham os braços espirais são berçários de formação estelar. As estrelas de maior massa são azuis e vivem pouco, ao passo que as de menor massa são vermelhas e mais longevas.

Qual é o futuro da expansão do universo? Isso depende da quantidade de massa contida nele. Se for muito grande, ela fará o universo desacelerar até que a velocidade se anule e depois se contrairá. É o chamado modelo de universo fechado. Se a massa for pequena, ela não será o suficiente para zerar a velocidade e o universo irá se expandir para sempre. Chamamos isso de universo aberto. A fronteira dos dois é o universo plano.[3]

Tentativas para determinar qual modelo corresponde à realidade fizeram com que muitas pesquisas fossem conduzidas ao longo de décadas. Em 1998, no fechar do século e do milênio, descobriu-se que a expansão do universo não está sendo desacelerada, mas acelerada. Isto é, quanto mais o tempo passa, com maior velocidade as galáxias se afastam umas das outras. Isso foi uma descoberta extraordinária e desconcertante, pois sugere que existe uma energia que atua no sentido contrário ao efeito de gravidade. A essa energia se chamou de "energia escura". Ela é totalmente distinta da matéria escura; a matéria escura possui gravidade; a energia escura, não. Ao contrário, provoca repulsão.

As medidas mais recentes (2006) mostram que a matéria normal corresponde a 4%, a matéria escura a 22% e a energia escura a 74% de toda a massa-energia do universo. Como apenas conhecemos a matéria comum, desconhecemos totalmente a natureza de 96% do universo. Em outras palavras, o que conhecemos corresponde à ponta do iceberg apenas.[4]

---

3 Se o universo fosse fechado, ele voltaria a se contrair, acabando em um *Big Crunch*. A partir daí, poderia haver um novo *Big Bang* e assim por diante, o que implicaria um universo cíclico — ideias comuns a várias visões cosmológicas antigas. A teoria da inflação, no entanto, é incompatível com a ideia de universo fechado.

4 As pesquisas do *Big Bang* motivaram experimentos em laboratório, levando à descoberta de novas partículas em física. Ao contrário do que acontecia no século XX, quando as revoluções da física eram usadas para progredir no entendimento do universo, hoje as pesquisas da cosmologia indicam para a física onde ela deve progredir para o entendimento do mundo material.

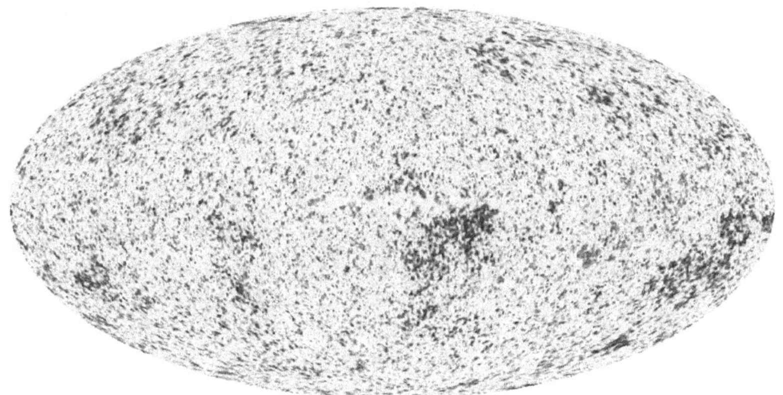

*"Mapa-múndi do céu" em micro-ondas, mostrando as estruturas
da radiação cósmica do fundo obtido do satélite WMAP (NASA).
Essas flutuações são minúsculas e equivalem a uma parte em 100
mil na escala de temperatura, e comprovam a teoria da inflação.
O mapa é uma fotografia do universo quanto tinha cerca de 300
mil anos. Mais tarde, as flutuações que aparecem nessa fotografia
colapsaram formando galáxias, aglomerados de galáxias e
estruturas ainda maiores.*

Indo além...

Quanto mais pesquisamos, mais avançamos a fronteira do conhecimento da natureza. Quanto mais a tecnologia avança, mais precisas são as medidas e as informações e mais sofisticadas e detalhadas as teorias. Afinal, se a mecânica de Newton (Isaac Newton, 1642-1727, físico e matemático inglês) parece funcionar bem para a vida cotidiana, por que precisamos da complexa Mecânica Quântica da Teoria da Relatividade?

Porque a tecnologia evoluiu e as medidas mais precisas que ela proporciona só são explicadas por essas teorias. Assim como na física, o diálogo entre o desenvolvimento tecnológico e os avanços científicos sempre esteve presente na história da astronomia de forma muito fertilizadora para ambas. Acreditamos na Mecânica Quântica porque ela funciona, não porque ela pareça lógica. Mesmo assim, estima-se que, hoje, cerca de 50% da economia mundial esteja de alguma forma vinculada à Mecânica Quântica.

Sem ela não existiria a eletrônica dos computadores, dos televisores, dos telefones, das máquinas fabris, entre outras. A Teoria da Inflação Cósmica também funciona, mesmo que pareça insólita. Ela é útil, na medida em que nos permite calcular características fundamentais do universo. Por que não utilizá-la? Não foi por essa razão que os navegadores adotaram a teoria de Copérnico?

O *Big Bang* explica tudo?

Afinal, seria o *Big Bang uma teoria definitiva? Vejamos se esta é uma hipótese razoável.* Ao longo da história, vimos que a ideia de universo evoluiu muito, passou por diversos estágios, que podem ser caracterizados como teorias cosmológicas: Terra plana, modelo geocêntrico, heliocêntrico, galactocêntrico, *Big Bang*, *Big Bang* inflacionário...

Cada modelo explica o que era conhecido na época e o que as medidas de então podiam confirmar. Não se pode dizer que essas teorias estavam erradas. Seria melhor afirmar que eram incompletas. Afinal, para nossa experiência diária, o modelo de terra plana não é ruim. A terra é redonda e, além do mais, gira em torno do Sol, e assim por diante. A descoberta de que o universo — tudo o que existe — evolui de forma que possa ser racionalmente analisado parece ser surpreendente. Mais surpreendente é o fato de que podemos demonstrar que ele teve uma origem. As leis que desenvolvemos no nosso pequeno planeta aplicam-se ao universo inteiro. Não há evidência de que haja qualquer discrepância mensurável.

Isso encerra a história? Tudo nos leva a crer que não. Se formos copernicanos no que se refere ao espaço, aprendemos também a ser copernicanos no que se refere ao tempo e, portanto, não vivemos num momento especial. O próprio *Big Bang* deve ser objeto de racionalização, de detalhamentos. Ao primeiro capítulo já assistimos: o *Big Bang* não ocorreu de forma qualquer; ele foi inflacionário. Quantas etapas mais surgirão na aventura humana de decifrar a natureza do universo em que vivemos?

A concepção de universo em meados do século XVII havia já incorporado as noções de espaço e tempo de Newton. O universo parecia um espaço-tempo estático e infinito, muito distinto daquele em que o destino humano e os deuses estavam intimamente ligados à concepção de mundo. O filósofo francês Blaise Pascal expressou assim o sentimento: "Tragado pela imensidão infinita dos espaços, dos quais não sei nada e que não sabem nada de mim, estou apavorado. O eterno silêncio destes espaços infinitos me alarma".

Afinal, estamos tão sós quanto imaginou Pascal? A natureza e o destino humanos estão totalmente desconectados da estrutura cósmica maior? Hoje sabemos que cada estrela pode conter um Sistema Solar, e que cada galáxia possui, em média, cerca de 100 bilhões de estrelas. É legítimo supor que o número de planetas com condições semelhantes ao do planeta Terra é imenso, só considerando a nossa galáxia. Devemos lembrar ainda que o número de galáxias observáveis dentro do horizonte cósmico acessível é de 100 bilhões. Fica claro, pois, que existe um número enorme de planetas com condições nas quais a vida possa ter surgido e se desenvolvido. Isso não significa que a vida humana como a nossa seja comum, não só porque ela pode ter assumido sua feição fortuitamente, mas também porque ela é certamente efêmera, se considerada na escala de tempo cósmica. Exatamente por esse caráter efêmero e por causa das distâncias envolvidas, dificilmente duas civilizações de grau de desenvolvimento semelhante poderiam entrar em contato entre si, mesmo que existam simultaneamente em estrelas ou galáxias separadas.

Outra conexão que nos vincula com as estrelas diz

respeito aos elementos químicos, indispensáveis para manter nossa estrutura física. Cada átomo de oxigênio que inspiramos, assim como cada átomo de cálcio que está nos nossos ossos ou de ferro e de carbono da nossa musculatura teve uma origem muito específica, cuja história conhecemos. Apenas o hidrogênio e o hélio (além do deutério e parte do lítio) foram formados no *Big Bang*; os elementos químicos mais pesados foram todos sintetizados no centro das estrelas. Com a morte dessas, o gás enriquecido desses elementos pesados foi lançado ao espaço, apenas para se juntar aos restos de milhares de outras estrelas e formar uma nova geração de corpos celestes. O Sol já é uma estrela de terceira geração, e graças a isso a composição química do Sistema Solar é rico o suficiente para formar a vida como a conhecemos.

A cosmologia científica, ao contrário das cosmologias tradicionais, não tenta ligar a história do cosmos ao modo como os homens devem se comportar (diferentemente do que, ainda hoje, os adeptos da astrologia nos propõem). É papel dos cientistas, artistas, filósofos e outras pessoas criativas entendê-la e expressar o sentido humano nela. O pleno impacto dessa cosmovisão sobre a cultura humana só se dará quando a compreensão da nossa realidade física for plenamente entendida pelo cidadão comum.

Enquanto isso, a missão da astronomia é nos dizer onde estamos, de onde viemos e para onde vamos. E, pelo visto, essa missão parece não ter fim.

Referências bibliográficas

Damineli, A. (2003). *Hubble: a expansão do universo.* São Paulo: Odysseus.

Ferris, T. (1990). *O despertar da Via Láctea.* Rio de Janeiro: Campus.

Gleiser, M. (2000). *A dança do universo*. São Paulo: Companhia das Letras.

Guth, A. (1997). *The Inflationary Universe*. Massachusetts: Addison-Wesley, Reading.

Kepler, S. O.; Saraiva, M. F. (2000). *Astronomia e astrofísica*. Porto Alegre: *Editora da UFRGS*.

North, J. (1994). *Astronomy and Cosmology*. Glasgow: Fontana Press.

✳✳✳

Após as elucidativas informações científicas prestadas pelo Prof. João E. Steiner gostaria de acrescentar algumas observações a respeito da minha visão sobre esta primeira parte do livro.

Gostaria que o leitor concedesse especial atenção às dificuldades enfrentadas pelo mundo científico para desvendar, pouco a pouco, alguns mistérios da formação do universo. E mais, fazer com que os leigos aceitem que há infinitos astros formando incontáveis galáxias. E ainda, que corpos celestes estejam em movimento contínuo, sem colidir, permanecendo em suas órbitas. Os asteroides compõem a exceção à regra, por suas características diferenciais.

É importante reconhecer nossa vulnerabilidade, já que nos encontramos vivendo no planeta Terra, girando no espaço, como parte do Sistema Solar, que por seu lado é apenas um na imensa galáxia Via Láctea, que por sua vez, é uma apenas no infinito universo.

O homem precisa de se conscientizar plenamente de que a Terra está sujeita a interferências do universo, pode ser atingida por corpos celestes em órbita no espaço, e que a vida nela é dependente principalmente do sol, como fonte de luz e calor.

Isso nos traz a noção de que a Terra é apenas um pequeno grão no espaço, mas um grão onde existe vida, em todas as suas formas. É importante que estejamos sempre atentos para o fato de que somos nós, seres dotados de inteligência e raciocínio, que temos a responsabilidade por todas essas formas de vida e por preservar todas as condições que permitem que elas e nós continuemos vivendo.

Consciente de todas essas informações iniciais, o prezado leitor estará preparado e, espero, ansioso para avançar.

Segunda parte

Ecologia

2. A diversidade da vida na Terra

A Ecologia pode ser definida como a ciência que estuda as relações entre os seres vivos e entre estes e o ambiente em que vivem. A palavra ecologia resulta da união de dois termos gregos — *oikos*, casa, e *logos*, estudo — e pode ser entendida como o "estudo da casa". Envolve conhecimentos de diferentes áreas da Biologia, da Física, Química e até mesmo das Ciências Humanas.

O estudo dessa ciência de forma sistemática é relativamente recente, tendo começado somente a partir da década de 1930, quando se começou a divulgar a necessidade do respeito e preservação do meio ambiente, com a fundação, nos Estados Unidos, dos primeiros parques nacionais.

Em todo o planeta, a ecologia é uma preocupação maior, porque a atividade humana vem tendo um impacto crescente sobre a biosfera. Não existem mais dúvidas de que é preciso alterar urgentemente essa relação, de forma que nossas atividades deixem de ser tão danosas ao ambiente. A ecologia nos ajuda a conhecer e respeitar o delicado equilíbrio que mantém a vida sobre o planeta, sem o qual a sobrevivência de todas as espécies, incluindo a nossa, ficará seriamente ameaçada.

Para procedermos a um estudo geral, embora resumido, da ecologia, é necessário começar pelos conceitos básicos.

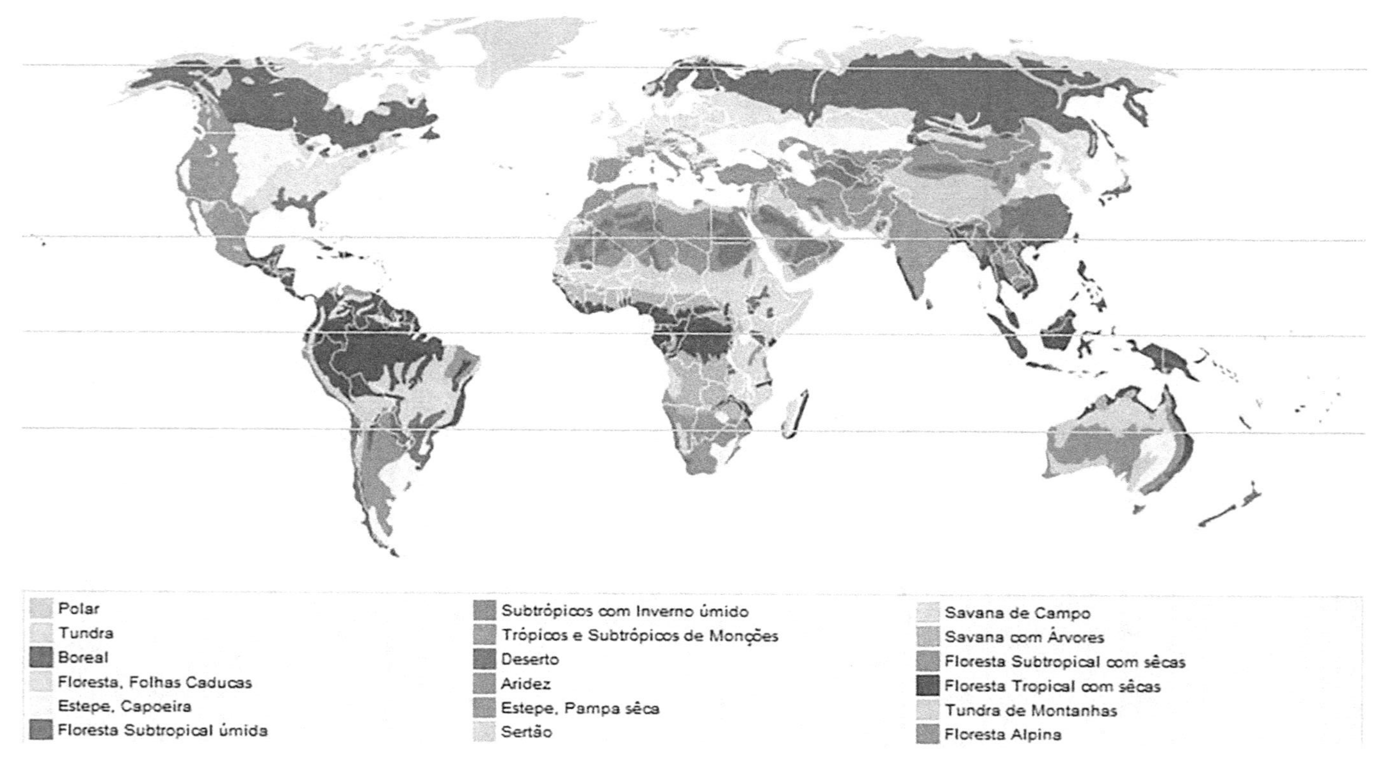

Polar
Tundra
Boreal
Floresta, Folhas Caducas
Estepe, Capoeira
Floresta Subtropical úmida
Subtrópicos com Inverno úmido
Trópicos e Subtrópicos de Monções
Deserto
Aridez
Estepe, Pampa sêca
Sertão
Savana de Campo
Savana com Árvores
Floresta Subtropical com sêcas
Floresta Tropical com sêcas
Tundra de Montanhas
Floresta Alpina

Do menor ao maior, estes são os níveis de organização biológica:

Átomos, que integram → moléculas, que constituem → organelas, que formam → células, componentes dos → tecidos, que constituem os → órgãos, que integram os → sistemas, que compõem os → organismos, ou indivíduos, integrantes das → populações, que constituem as → comunidades, que formam os → ecossistemas, ou biomas, componentes da → biosfera.

Para tornar essa revisão de conceitos mais atraente, comecemos do nível maior e progressivamente nos aprofundaremos até o ponto necessário ao estudo da nossa sobrevivência neste planeta, que já foi mais hospitaleiro, tempos atrás.

Biosfera

A biosfera compreende a totalidade dos ecossistemas do nosso planeta, em conjunto com o ambiente físico; corresponde à porção da Terra onde existe vida.

O termo "biosfera", criado em 1875 pelo geólogo austríaco Eduard Suees, dá nome ao conjunto de toda a vida existente na Terra e ao ambiente que possibilita sua existência. É o mais alto nível de organização biológica e o único autossustentado. A biosfera, como um conjunto indivisível, é capaz de manter o equilíbrio ecológico necessário à vida. Qualquer parte dela que fosse isolada do todo iria, fatalmente, causar a extinção de todas as suas espécies.

A biosfera possui três grandes divisões, chamadas também de biociclos, e dentro de cada um deles existem muitos biomas: Terrestre ou Epinociclo; Marinho ou Talassociclo; De água doce ou Limo-ciclo.

Bioma - Ecossistema

Ecossistema é um conceito essencial, principal

unidade no estudo da ecologia. Chamamos ecossistema ou "sistema ecológico" ao complexo, mas estável conjunto formado por: a) um espaço vital (meio abiótico — todos os componentes não vivos no local como: água, minerais, pedras, clima, gases atmosféricos, luz solar); b) os seres vivos que o habitam (meio biótico); c) todas as características físicas, químicas e biológicas de todos esses elementos; e d) a interação ou relacionamento de todos os itens entre si. De modo simplificado, poderia se dizer que compreende o espaço, tudo o que está contido nele e a interação entre todos esses elementos.

Fatores bióticos são as características das diversas populações de seres vivos, as interações entre todas elas e os efeitos que provocam no ambiente. E fatores abióticos são as características, propriedades e efeitos dos componentes do meio abiótico entre si e sobre os componentes do meio biótico.

Um bioma é um grande ecossistema. Cada bioma está associado a um tipo de ambiente e abriga um tipo de comunidade diferente. O bioma é geograficamente mais abrangente, e sua flora é sua característica mais marcante. Dela dependem as comunidades ali instaladas. Já a vegetação depende do tipo de ambiente físico (ex: a Mata Atlântica). O componente biótico do ambiente é chamado biocenose; e chamamos biótopo ao componente abiótico, ou seja, os componentes físicos de um determinado espaço vital. Ao espaço vital ou ambiente chamamos ecótopo. Vários ecossistemas parecidos formam um bioma.

Quanto ao seu tamanho, um ecossistema varia muito: pode estar contido numa poça de água, ou aquário, ou numa pilha de louça deixada suja por muito tempo. Pode ser um corpo humano, no qual podem viver organismos, desde vírus e bactérias até ácaros, vermes e até insetos. Pode ainda ser uma floresta ou compreender a totalidade do planeta Terra, considerado como um imenso ecossistema composto por todos os ecossistemas existentes (ecosfera).

As definições de "ecossistema" e "bioma" se aproximam, pois o ecossistema pode ser considerado em grande escala. Mas, geralmente para grandes extensões de território (de dimensões regionais) usa-se a denominação "bioma".

É difícil estabelecer limites, definir onde começa e termina um ecossistema. Se o ecossistema for uma lagoa, é necessário levar em conta que não é um ambiente fechado, recebe energia do sol, oxigênio da atmosfera, matéria orgânica dos arredores e até mesmo seres vivos vindos de outros lugares. Também pode perder matéria para o ambiente terrestre, quando, por exemplo, seus peixes servem de alimento para outros animais.

Os ecossistemas são geralmente dinâmicos, ou seja, estão em constante mudança, tanto quanto aos seus componentes bióticos, quanto aos abióticos. Essas mudanças podem ser *lineares*, seguindo uma tendência, como no caso da sucessão de organismos ou da degradação de um ambiente. Mas também podem ser *cíclicas*, como nos ciclos da matéria, nos quais os elementos químicos passam do ambiente para os seres vivos e de um ser vivo para outro por meio da cadeia alimentar, até retornarem ao ambiente. Aqui lembramos uma das leis mais importantes da Química e da Física, o princípio de Lavoisier, que afirma que a matéria não pode ser criada ou destruída, apenas transformada.

A energia também flui pelos ecossistemas, do ambiente para as plantas e outros seres vivos capazes de acumular a energia da luz pelo processo da fotossíntese. Mas não pode ser reutilizada, pois é perdida como calor ao longo da cadeia alimentar. Os ecossistemas só podem existir porque os diferentes ciclos de matéria e o fluxo energia que neles ocorrem estão entrelaçados e em equilíbrio, gerando condições para que a vida possa manifestar-se em sua maravilhosa diversidade e complexidade.

Comunidades

Uma *comunidade* é formada pelas populações de todas as espécies de uma determinada área, que constituem, portanto, o componente biótico do ecossistema — que, como já mencionamos anteriormente, é denominado *biocenose*.

Dentro de uma comunidade, diferentes populações se relacionam de várias formas, em interações que podem render benefícios ou prejuízos. Essas interações são muito importantes, pois determinam quantas e quais espécies podem conviver numa comunidade. Se a interação entre duas espécies puder, por exemplo, levar uma delas à extinção, não poderão viver na mesma comunidade. Algumas espécies só podem existir em determinado ambiente se outras espécies ali estiverem, pois as interações entre elas são vitais para a sobrevivência.

As interações entre espécies ajudam a controlar o tamanho das populações de cada uma delas na comunidade. Por essa razão, conhecer as possíveis interações é de vital importância para o estudo da ecologia das populações.

As comunidades não podem se sustentar sem ter à sua disposição um ambiente do qual retirem alimento e energia. A formação de uma comunidade é resultado de um lento processo de *sucessão ecológica*, no qual as espécies vão sendo substituídas ao longo do tempo, até que se atinja a comunidade clímax.

População, habitat e nicho ecológico

População é o conjunto de indivíduos de uma mesma espécie que ocupam uma determinada área, num determinado período de tempo. Alguns indivíduos podem partir ou morrer. Outros nascem e outros ainda podem vir de locais distantes, e a população passa por um processo de evolução. Ainda assim, mantém-se ao longo do tempo no mesmo local (*habitat*), ou seja, é sempre a mesma população. Esse dinamismo é uma das principais características das populações.

Indivíduos da mesma espécie geralmente vivem próximos, compartilham a mesma linhagem, além do habitat. *Habitat é o* ambiente ideal onde os indivíduos encontram os recursos de que necessitam para sua reprodução, alimentação e sobrevivência.

Nicho ecológico refere-se ao modo de vida do indivíduo, suas relações ecológicas, seu modo de reprodução, do que ele se alimenta, quem são seus predadores naturais. É o conjunto de condições necessárias à vida e à reprodução de um ser vivo, mais as relações que estabelece com outros seres vivos e com o seu ambiente, a soma das características bióticas e abióticas que ele necessita para sobreviver e se reproduzir.

Um mesmo local, ou seja, um mesmo habitat, pode oferecer vários nichos, porque diferentes espécies, vivendo num mesmo local podem utilizar recursos diferentes e se relacionar diferentemente com outras espécies. Mas duas espécies não podem compartilhar exatamente o mesmo nicho num mesmo habitat, pois competirão pelos mesmos recursos e uma tenderá a eliminar a outra: este é o chamado "princípio da exclusão competitiva de Gause", ou, simplesmente, "princípio de Gause".

Ao considerar o tamanho de uma população, é importante comparar esse tamanho com a área que ela ocupa. Uma população de elefantes pode viver harmonicamente em uma área enorme de savanas na África, mas isso não seria possível num ecossistema menor, como uma lagoa.

A relação entre o tamanho de uma população e a área que ela ocupa é chamada *densidade populacional*. Ela fornece uma boa ideia do impacto da população sobre o ambiente que ocupa. Para organismos macroscópicos e terrestres, a densidade é normalmente dada pelo número de indivíduos por km^2.

Se uma população que não encontrar limitações ao seu crescimento, como falta de alimentos ou presença de predadores, parasitas ou competidores, crescerá exponencialmente. Essa taxa de crescimento, chamada *potencial biótico* ou *taxa de crescimento "r"*, é própria de cada população, que nunca a supera, por melhores que sejam as condições do ambiente. Muitos fatores que limitam seu crescimento, como a falta de alimentos, presença de predadores e parasitas. O tamanho populacional também atua sobre as taxas de mortalidade e de natalidade. Quanto mais perto a população estiver da capacidade suporte do ambiente, menor será sua taxa de crescimento.

Entendemos as razões que impedem que uma espécie realize seu potencial biótico indefinidamente, examinando alguns exemplos de crescimento exponencial:

— a bactéria *Bacillus coli*, que se divide a cada 20 minutos, poderia, em 36 horas, formar uma camada sobre toda a superfície da Terra (Darwin, *A origem das espécies*)

— segundo Darwin, apenas um casal de elefantes, ao fim de 740 ou 750 anos, teria uma descendência de 19 milhões de elefantes vivos (Darwin, *A origem das espécies)*.

— O escritor Isaac Asimov discorreu sobre as possibilidades de um apocalipse e/ ou colapso da humanidade em seu livro *A Choice of Catastrophes: The Disasters That Threaten Our World* (*Escolha a Catástrofe*, no Brasil), e calculou: "em 5.000 anos de história escrita, atingimos o estágio no qual, de algum modo, nos apinhamos sobre a superfície de um pequeno planeta. Durante os próximos 5000 anos, à atual taxa de crescimento, esgotaremos os recursos não só deste planeta, mas de todo o universo".

Esse padrão de crescimento recebe o nome de crescimento logístico ou sigmoide (refere-se à curva estatística sigmoide, que se assemelha a uma letra "s" esticada). Em geral, qualquer população crescerá rapidamente no início, estabilizando-se na sequência, porque o ambiente impõe limites a seu crescimento.

Ao número máximo de indivíduos que uma população pode atingir chamamos de *capacidade suporte do ambiente (k).* O valor de k depende da população analisada, pois depende de seu potencial biótico e também do ambiente em que se encontra.

Indivíduos e interações entre as espécies

Indivíduo é cada um dos exemplares de uma espécie qualquer que constitui uma unidade distinta. *Espécie* é o conjunto de indivíduos muito semelhantes entre si e aos seus ancestrais, que se entrecruzam naturalmente, produzindo descendentes férteis.

Populações de duas espécies distintas podem interagir de várias formas. Dependendo do tipo de interação, cada população poderá ser influenciada positivamente, negativamente ou não sofrer influência alguma.

Os indivíduos de uma população interagem também entre si, e não apenas com indivíduos de outras espécies. Essa interação ou relação pode ser intraespecífica ou interespecífica, e ainda harmônica ou desarmônica.

Relações intraespecíficas	harmônicas	Colônias Sociedades
	desarmônicas	Canibalismo Competição intraespecífica
Relações interespecíficas	harmônicas	Protocooperação (mutualismo facultativo) Simbiose (mutualismo obrigatório) Comensalismo e inquilinismo
	desarmônicas	Competição interespecífica Predatismo e herbivorismo Parasitismo Amensalismo
Relação interespecífica ou intraespecífica desarmônica		Esclavagismo ou Sinfilia

Tabela 1 - Relações intra e interespecíficas.

As *relações harmônicas intraespecíficas* são duas: a *sociedade* e a *colônia*. As colônias são uma forma de interação nas quais indivíduos da mesma espécie se agregam, formando o que parece ser um único indivíduo. Esse tipo de interação é encontrado com frequência em organismos como celenterados e esponjas, além de numerosos micro-organismos. Os exemplos mais conhecidos de colônia são os recifes de corais (colônia isomorfa) e as caravelas (colônia heteromorfa).

As sociedades constituem-se em aglomerados de

indivíduos da mesma espécie, que executam suas funções com a finalidade de beneficiar a população. As sociedades são *isomorfas* quando a forma dos indivíduos, que é a mesma, não influencia na função dentro da sociedade e qualquer deles pode realizar qualquer função. A *sociedade humana* é o melhor exemplo de sociedade isomorfa. Quando as sociedades são *heteromorfas*, os indivíduos possuem formas diferenciadas e adaptadas às suas respectivas funções, como uma colmeia, que é dividida em três castas: rainha, operárias e zangões.

Nas relações *intraespecíficas desarmônicas estão o canibalismo* (caso exemplar é o das fêmeas de louva-a-deus, escorpiões e alguns tipos de aranhas, que devoram seus machos após o ato sexual) e a *competição intraespecífica*. Este é um tipo de relação onde indivíduos da mesma espécie competem entre si por diversos fatores, tais como: parceiro reprodutivo, domínio do território, alimento, habitat, defesa da prole, disponibilidade de água, de luz, de nutrientes etc. Assim, os indivíduos lutam pela sobrevivência num ambiente restrito, de forma que os mais fortes sobrevivem (exemplo: num galinheiro apenas um macho tem o controle; havendo luta entre ele e outros, o mais fraco pode morrer ou ser dominado pelo vencedor, inclusive sexualmente).

Tratando das relações interespecíficas harmônicas, a *protocooperação* (ou mutualismo facultativo) é uma relação benéfica, mas não necessária entre espécies, ou seja, não afeta a possibilidade de sobrevivência de nenhuma delas (exemplo: jacarés e crocodilos, enquanto dormem, permitem que certas aves e peixes se alimentem de restos de alimentos e sanguessugas em sua boca). Já na simbiose (ou mutualismo obrigatório) essa relação benéfica é indispensável para a sobrevivência dos seres (exemplo: os líquens, que são associação entre algas e fungos; as algas realizam a fotossíntese, e com isso produzem matéria orgânica, enquanto os fungos são responsáveis por absorver água e nutrientes). Temos também o *comensalismo*, relação em que uma espécie consegue benefício sem prejuízo da outra; o próprio nome sugere uma interação alimentar (exemplo: peixes menores se alimentam dos restos alimentares derrubados por tubarões). Assim também o *inquilinismo*, em que um ser vive dentro ou sobre o outro, mas sem causar prejuízo (exemplo: orquídeas abrigadas nos troncos de árvores para assim receber maior incidência solar).

Dentre as relações interespecíficas desarmônicas temos a *competição*, similar à descrita na competição intraespecífica (alimentar, territorial, sexual etc.) e que se deve à convivência no mesmo ambiente, principalmente em situação de falta de recursos na natureza. Temos ainda o *predatismo*, semelhante ao canibalismo (intraespecífico), em que um ser mata o outro para se alimentar, havendo uma relação de predador-presa. Dentro do predatismo, há ainda a *herbivoria*, na qual um animal herbívoro mata partes vivas de uma planta para se alimentar. No parasitismo, relação semelhante ao inquilinismo, uma espécie se associa a outra, mas aqui a relação é desarmônica por ser prejudicial ao hospedeiro, uma vez que o inquilino se alimenta "às custas" do hospedeiro (exemplo: quando um ser humano está com vermes). No *amensalismo*, uma espécie inibe o crescimento ou reprodução da outra, apesar de não obter qualquer vantagem biológica (exemplo: alguns fungos produzem e liberam no ambiente substâncias antibióticas, que inibem o crescimento de bactérias).

A relação ecológica interespecífica ou intraespecífica chamada *sinfilia* ou *esclavagismo* é uma relação desarmônica entre indivíduos, da mesma espécie ou não, em que uma parte se beneficia das atividades, trabalhos ou produtos produzidos pela outra parte. O ser humano mantém essa relação com muitas espécies (interespecífica), como, por exemplo, na agropecuária, apicultura, avicultura, ovinocultura, suinocultura e assim por diante.

Para mencionar outras espécies, além do homem,

como a parte beneficiada nesse tipo de relação, podemos citar as formigas, que transportam os pulgões para o formigueiro. Lá se beneficiam da seiva rica em açúcar que eles sugam e que secreta grandes quantidades dos aminoácidos de que precisam. Ainda, como exemplos intraespecíficos, temos o leão, que se aproveita da fêmea para caçar, além de cuidar das crias, e ainda a hiena fêmea líder de bando, que usa os trabalhos das outras fêmeas e de todos os machos, que são submissos às suas fêmeas. E aqui entra novamente o homem que é escravizado por outros seres humanos, o que já ocorreu em grande escala e, infelizmente, ocorre ainda hoje, em escala menor.

Cadeias e teias alimentares

Embora vivam no meio ambiente em que todos os elementos e a energia necessária para sua sobrevivência e reprodução estejam disponíveis, apenas alguns seres vivos são capazes de obtê-los diretamente. Esses organismos são chamados de *produtores*.

Todos os demais organismos obtêm seus nutrientes e sua energia direta ou indiretamente dos produtores. Ao fluxo de matéria e energia, passando dos produtores para os outros seres vivos, denominamos *cadeias alimentares*.

Dentro do *meio biótico*, há os *seres autótrofos*, que produzem seu próprio alimento através da síntese de substâncias inorgânicas simples (como as plantas verdes); os *seres consumidores (heterotróficos)*, que não são capazes de produzir seu próprio alimento, e se alimentam das plantas ou de outros animais; e os *decompositores* (também *heterotróficos*), que se alimentam de matéria morta.

Dentro de um ecossistema existem vários tipos de consumidores, que juntos formam uma cadeia alimentar. *Consumidores primários* são os animais que se alimentam dos produtores, ou seja, as espécies herbívoras. *Consumidores secundários* são os animais que se alimentam dos herbívoros, a primeira categoria de animais carnívoros. *Consumidores terciários* são os grandes predadores, como tubarões, orcas e leões, que capturam grandes presas, sendo considerados os predadores de topo de cadeia.

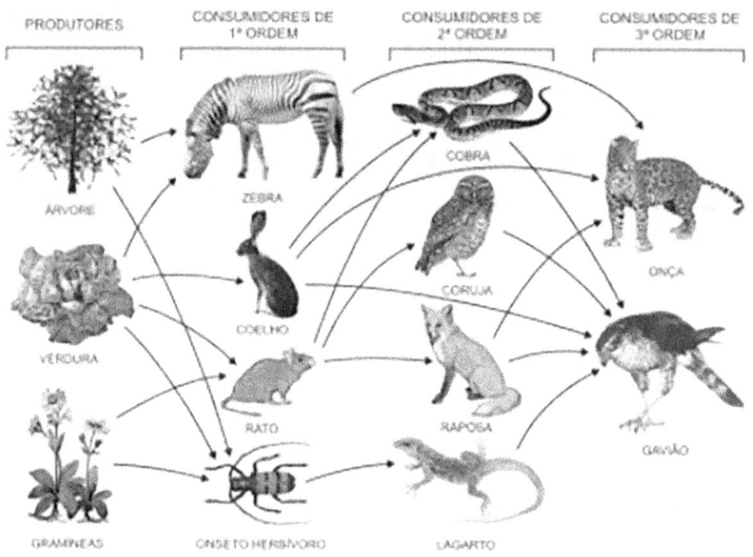

Os *decompositores* são os organismos responsáveis pela decomposição da matéria orgânica, transformando-a em nutrientes minerais que se tornam novamente disponíveis no ambiente.

Cada um dos níveis da cadeia alimentar é chamado de *nível trófico*. O primeiro nível é ocupado pelos produtores; os consumidores primários ocupam o segundo nível trófico, e assim por diante. As cadeias alimentares costumam ser curtas, terminando, em geral, no terceiro ou no quarto nível trófico, pois as quantidades de nutrientes e de energia disponível diminuem de um nível para outro.

O conjunto desses organismos, nos vários níveis tróficos da cadeia alimentar, interagindo em um determinado local de forma a criar um ciclo de energia (do meio abiótico para os seres autótrofos, destes para os heterótrofos e destes para o meio abiótico novamente), constitui um sistema ecológico ou ecossistema, independentemente da dimensão do local onde ocorrem essas relações.

Geralmente, os seres vivos são capazes de se alimentar de mais de uma espécie de organismos, formando o fluxo de matéria e energia de um ambiente mais bem representado por uma teia alimentar. As teias alimentares informam as "rotas" de fluxo da matéria e a energia num ecossistema. Para saber quanta matéria e energia está fluindo e quantos indivíduos de cada espécie são beneficiados por este fluxo é preciso construir uma pirâmide ecológica.

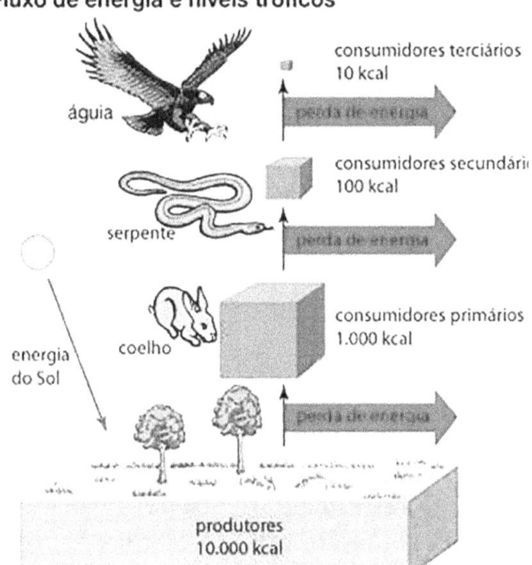

Fonte: Enciclopédia Britannica.

A diversidade das espécies

Atualmente, estão catalogadas cerca de 1,8 milhão de espécies diferentes de seres vivos. Isso comprova que nosso conhecimento sobre a diversidade da vida é muito pequeno. Os biólogos estimam que existam pelo menos três milhões de espécies em todo o planeta, mas o número real pode muitíssimo maior.

Todas as espécies conhecidas estão agrupadas em apenas cinco *reinos*, que são os grandes ramos da árvore evolutiva da vida: Monera, Protista, Fungi, Plantae e Animalia.

→ Monera: organismos unicelulares procariontes (célula sem núcleo delimitado por uma membrana). Exemplos: Bactérias e cianobactérias.

→ Protista: seres unicelulares e pluricelulares, eucariontes, autotróficos ou heterotróficos. Exemplo: algas e protozoários. Desde 1980 passou-se a denominar o reino Protista como Protoctista, e passou a incluir algas multicelulares e alguns fungos.

→ Fungi: eucariontes, na maioria pluricelular e heterotróficos. Exemplos: cogumelos, bolores e levedos.

→ Plantae ou Metaphyta : organismos eucariontes, pluricelulares e nutrição autotrófica. Exemplo: musgos, samambaias, araucárias e mangueira.

→ Animalia ou Metazoa: organismos eucariontes, heterotróficos e que apresentam nutrição heterotrófica. Exemplo: homem, cachorro, vaca e aves.

Os vírus não se encaixam em nenhum desses grupos em virtude da ausência de células. Por serem incapazes de viver sem uma célula, são parasitas intracelulares obrigatórios.[5]

A ciência que classifica os seres vivos é denominada de *taxonomia*. Os seres vivos são agrupados em subcategorias, dentro de outras categorias. Desta forma, a maior categoria é o *reino*, que possui muitos *filos*. Cada filo, por sua vez, possui diversas *classes*; cada classe tem várias *ordens*;

---

5 http://www.brasilescola.com/biologia/reinos.htm.

cada ordem com várias *famílias* e cada família possui diferentes *gêneros*. Dentro de cada gênero há as *espécies*. Assim, a espécie é o menor nível de classificação taxonômica.

Os taxonomistas procuram agrupar os seres com base no parentesco evolutivo. Quanto mais recente for o parentesco evolutivo entre duas espécies, mais próxima será a classificação delas. No entanto, nem sempre as semelhanças morfológicas de fato refletem as semelhanças genéticas. Assim, em alguns grupos, quando se chega à conclusão de que um determinado grupo taxonômico não reflete parentesco, a classificação deve ser alterada.

Os nomes dados às espécies devem ter origem latina, sendo escritos em itálico ou sublinhados. Além disso, as espécies devem ter designação binomial, ou seja, um nome duplo. Além disso, o gênero deve ser escrito sempre com inicial maiúscula. As demais categorias acima de gênero não precisam ser sublinhadas ou escritas em itálico. Geralmente, as famílias de animais têm a terminação *idae*, como *Hominídae* (hominídeos); e as famílias vegetais têm sufixo *aceae*, como *Orchidaceae* (orquidáceas).

Biologia celular

Hoje sabemos que somos constituídos de células, assim como toda a matéria presente no universo é constituída por átomos.

A *célula* é, portanto, a menor unidade que pode ser encontrada nos seres vivos. Todas as células vivas são constituídas por um conjunto pequeno de substâncias básicas: a água, o carbono, o nitrogênio, o hidrogênio e o oxigênio.

Os principais componentes de uma célula são o seu *núcleo* e suas *organelas*. É por meio dessas estruturas que a célula é capaz de respirar, captar nutrientes e excretar seus dejetos, reproduzir-se e produzir as substâncias das quais o organismo necessita para sobreviver, já que algumas células têm funções como a de produzir hormônios, por exemplo. As células vegetais ainda têm a propriedade de produzir carboidratos, a matéria-prima para a vida na Terra, e para isso se utilizam de seus cloroplastos.

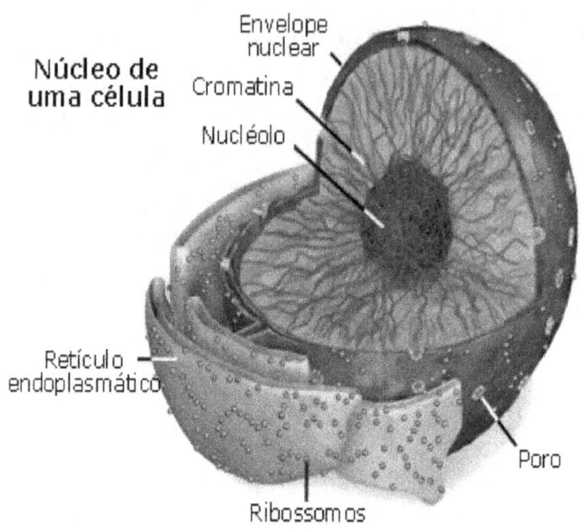

O *núcleo celular* é a parte da célula que guarda o material genético do organismo. Ele existe apenas nos organismos *eucariotos* e, em geral, é uma estrutura única, embora existam células com dois ou mais núcleos. As células possuem *DNA*, o material genético que, além de comandar a síntese proteica, é a molécula-chave da reprodução celular, que dará origem a outra célula idêntica à célula-mãe, perpetuando suas características. Um cromossomo é formado basicamente pelo DNA, que carrega a informação genética, associado a uma série de proteínas que dão sustentação e compactação a esse DNA. São os *cromossomos* que carregam os *genes* responsáveis pela *organização* e *controle* de cada ser vivo. Os cromossomos só estão totalmente condensados durante a divisão celular. Nesse estágio, eles adquirem sua forma característica, que é diferente para cada par de cromossomos.

Cada espécie possui um número característico de cromossomos e a maioria das espécies é *diploide*, ou seja, seus cromossomos apresentam-se em pares. Os seres humanos, por exemplo, têm 46 cromossomos, divididos em 23 pares. Os dois cromossomos de um mesmo par carregam cópias dos mesmos genes e são chamados de *cromossomos homólogos*.

Mitose e meiose

O número de cromossomos é mantido constante nas células de um indivíduo, graças à forma como elas se reproduzem. A célula se divide em duas no processo reprodutivo chamado *mitose*, que dá origem a duas células idênticas à célula-mãe. Assim, ocorre o fim da vida de uma célula e o começo da vida das suas duas células filhas.

Graças à mitose, os organismos pluricelulares podem crescer e desenvolver-se a partir de uma única célula formada pela união do óvulo com o espermatozoide. Pela mitose, esses organismos também podem produzir novas células para reparar lesões, como as da pele. Cada célula possui um ciclo de vida, chamado de *ciclo celular*. Esse ciclo termina com a perda de sangue, que ocorre quando se sofre um ferimento. Espécies, indivíduos ou células que possuem apenas uma cópia de cada cromossomo são chamados de *haploides*.

Na formação de gametas, células fundamentais na reprodução sexuada, a divisão ocorre por *meiose* e as células originadas possuem a metade do material genético, apenas uma cópia de cada cromossomo — logo, são *haploides*. Assim, na reprodução sexuada, dois gametas, cada um com metade do material genético dos seres reprodutores, se unem, somando suas informações genéticas, formando a primeira célula do ser gerado. O óvulo e o espermatozoide, células reprodutivas dos animais, são *células haploides*.

A sucessão ecológica

Sucessão ecológica é o processo de formação da comunidade de uma área. Ocorre através de alterações graduais, ordenadas e progressivas no ecossistema conforme os fatores ambientais atuam sobre os organismos e como estes reagem. Em determinado ambiente a comunidade vai se alterando, com a instalação de novas espécies que se adaptaram às condições do local, até a formação da chamada *comunidade clímax*.

A *sucessão primária* é um processo geralmente lento, iniciado em uma área desabitada, de condições altamente desfavoráveis à vida, como em lavas solidificadas. A *sucessão secundária* ocorre devido a alterações de uma comunidade clímax buscando a recuperação do equilíbrio. As condições iniciais são, em geral, mais favoráveis ao estabelecimento de seres vivos, como lagos recém-formados ou florestas derrubadas. Durante a sucessão secundária, a comunidade resultante poderá diferir bastante da comunidade clímax original.

Nos processos de sucessão há um aumento da biomassa, da produtividade primária e da diversidade de espécies, pois a presença de novas formas de vida abre novos nichos, que permitem a sobrevivência de mais espécies. Esse processo continua até que a comunidade atinja seu clímax, que é o estado de maior diversidade possível para aquele ambiente.

Há situações em que a sucessão não evolui para uma comunidade clímax, como no caso da sucessão da comunidade de decompositores em uma carcaça, ou em um tronco caído. Nesses casos, a própria comunidade acaba destruindo o seu ambiente e migrando para outros.

O fluxo da matéria nos ecossistemas

Os seres vivos são formados, principalmente, por uns poucos tipos de elementos químicos: carbono (C), oxigênio (O), nitrogênio (N), hidrogênio (H), fósforo (P) e enxofre (S).

Através do fluxo da matéria, esses elementos são retirados do meio ambiente e transformados em matéria orgânica pelos seres produtores; ao longo das cadeias alimentares, passam aos consumidores e, finalmente, aos decompositores. Esse mecanismo de reciclagem, os chamados ciclos, permite que os elementos retirados do ambiente a ele retornem após uma série de transformações, tornando-se novamente disponíveis. Cada um dos elementos presentes nos seres vivos passa por um ciclo próprio. Vejamos os mais importantes, os ciclos dos elementos mais abundantes na natureza: o carbono, o nitrogênio, o oxigênio e a água, que é formada pelos elementos oxigênio e hidrogênio.

O carbono e o ciclo do carbono

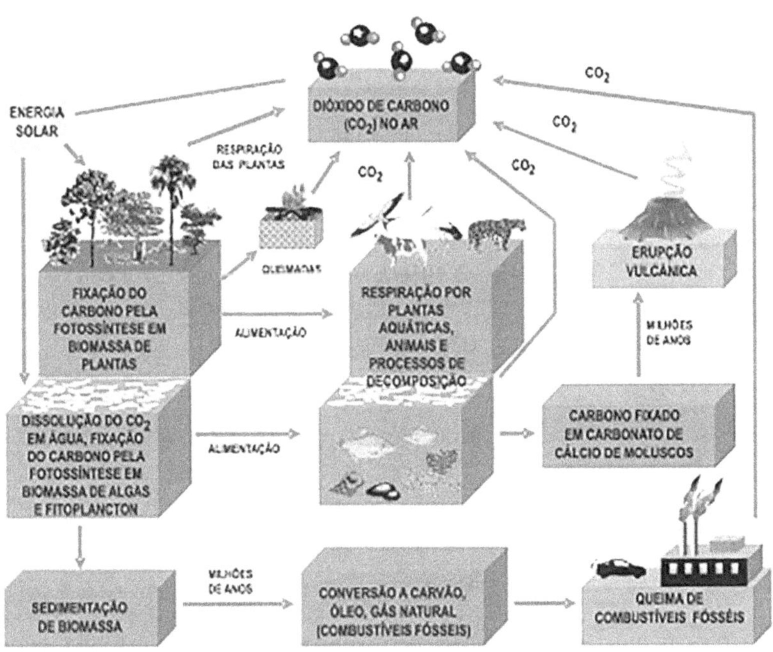

Fonte: https://pt.wikipedia.org/w/index.php?curid=4511424.

Por possibilitar a existência das moléculas orgânicas,

o *carbono* torna-se um elemento muito importante para a vida na Terra. Tem a capacidade de formar cadeias, dando estrutura a moléculas extensas, as moléculas orgânicas. Está presente no ambiente, combinado com o oxigênio, na forma de CO_2 dissolvido na água de lagos, rios, mares ou como um dos gases da atmosfera.

O carbono torna-se parte da biomassa pelo processo da *fotossíntese*, quando o gás carbônico da atmosfera é incorporado pelos seres fotossintetizantes, transformando-se em parte da biomassa na forma de moléculas orgânicas, que assim serão transferidas a animais herbívoros e destes aos carnívoros. Os seres vivos liberam CO_2 durante a respiração (*Ciclo Biológico* ou rápido). A biomassa degradada de animais e plantas que contém carbono incorpora-se ao solo. Parte deste carbono será transportado para a água, pela chuva ou ventos. A água também incorpora CO_2 do ar. A sedimentação de matéria orgânica degradada dá origem aos combustíveis fósseis, cuja combustão libera CO_2 de volta à atmosfera (*Ciclo Geológico* ou lento). O CO_2 dissolvido na água também se fixa no organismo de seres aquáticos, que também respiram e cuja matéria também se degrada. As erupções vulcânicas também liberam CO_2. O mesmo ocorre com a queima de material orgânico das matas, seja por incêndio provocado ou espontâneo.

Com o carbono absorvido pelas plantas e incorporado às moléculas orgânicas, seu *ciclo* poderá seguir dois caminhos: ou as moléculas sofrerão degradação, liberando CO_2, ou serão absorvidas pelo organismo de animais herbívoros, em processo de digestão. Neste caso, uma parte será liberada durante a respiração na forma de CO_2 e outra parte será degradada pelos organismos decompositores, retornando também à atmosfera na forma de CO_2. Ou seja: pela respiração, pela decomposição e pela combustão, o gás carbônico é lançado no ambiente, de onde é retirado pela fotossíntese.

O nitrogênio e o ciclo do nitrogênio

O *nitrogênio*, que representa 78% na atmosfera, também é importantíssimo na constituição dos seres vivos. Está presente tanto nos aminoácidos, que formam as proteínas, quanto nos nucleotídeos, que formam o DNA e o RNA, macromoléculas presentes em todas as formas de vida da Terra. Além disso, o nitrogênio é componente de um nucleotídeo essencial a todos os seres vivos da biosfera: o *ATP* (trifosfato de adenosina), responsável pelo armazenamento de energia em suas ligações químicas.

No ar atmosférico, encontra-se principalmente como N_2, impossível de ser aproveitada pela maioria dos seres vivos.

Ciclo do nitrogênio

Bactérias podem retirar N_2 do ar e incorporá-lo às suas moléculas orgânicas, processo chamado de *fixação*. Elas a convertem em *amônia (NH_3)* e a disponibilizam no solo. Outras bactérias também fazem a fixação do nitrogênio, como as *cianobactérias*, encontradas em solos úmidos, superfície de rochas e troncos de árvores e na água doce ou salgada. Assim, o nitrogênio também pode ser disponibilizado na água. Outra forma de produção de amônia é pela *decomposição* da matéria orgânica dos seres vivos. A amônia pode ainda ser produzida por *excreção*, na urina de alguns seres vivos como a minhoca. Existe ainda a *fixação abiótica*, através da energia liberada por raios ou erupções vulcânicas provocando reação do N_2 com o O_2 (oxigênio) e com o H_2 (hidrogênio), resultando em óxidos de nitrogênio (NO e NO_2) e amônio (NH_3) respectivamente. A amônia (NH_3) disponibilizada na água ou no solo sofre uma *quimiossintese* pela ação de bactérias *nitrificantes*, transformando-a primeiro em nitrito (NO_2^-) e este em nitrato (NO_3^-), num processo chamado de *nitrificação*. As plantas conseguem absorver o nitrogênio tanto na forma de NH_3 quanto NO_3^-. Os animais herbívoros assimilam esse nitrogênio, ao se alimentarem desses vegetais.

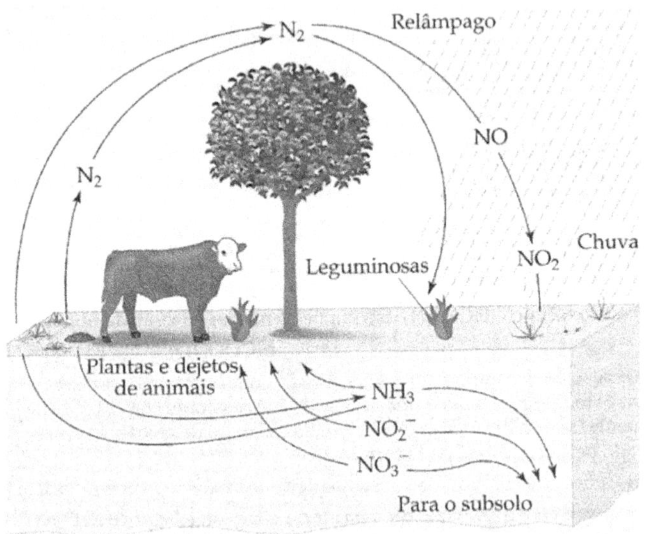

A devolução do nitrogênio à atmosfera é feita também por bactérias que, no processo chamado *desnitrificação*, transformam NH_3 ou NO_3^- novamente em N_2.

Nesse ciclo do nitrogênio temos um importante exemplo de interação interespecífica de mútuo benefício (simbiose): bactérias do gênero *Rhizobium* que vivem no interior dos nódulos de raízes de plantas leguminosas, como soja e feijão, ao fixarem o nitrogênio do ar fornecem parte dele às plantas que, em troca, lhe fornecem glicose obtida pela fotossíntese. Esta é a razão pela qual que se recomenda a prática do cultivo das leguminosas em rotação de culturas na agricultura, já que elas disponibilizam nitrogênio para as culturas seguintes, conseguindo produzir num solo pobre em nitrogênio.

O oxigênio

Além de essencial à respiração, o *oxigênio* também é

parte integrante de quase todas as substâncias formadoras dos seres vivos. O ciclo do oxigênio é intimamente ligado ao ciclo do carbono, sendo ambos associados aos mesmos fenômenos: *fotossíntese* (liberação de O_2) e *respiração* (consumo de O_2). Presente na atmosfera na forma de gás oxigênio (O_2), na estratosfera parte dele é transformado em ozônio (O_3) pela ação de raios ultravioletas. O ozônio forma uma camada que funciona como um filtro, evitando a penetração de 80% dos raios ultravioletas, um escudo que tem sido danificado pela ação humana. A liberação constante de clorofluorcarbonos (CFC) leva à destruição da camada de ozônio.

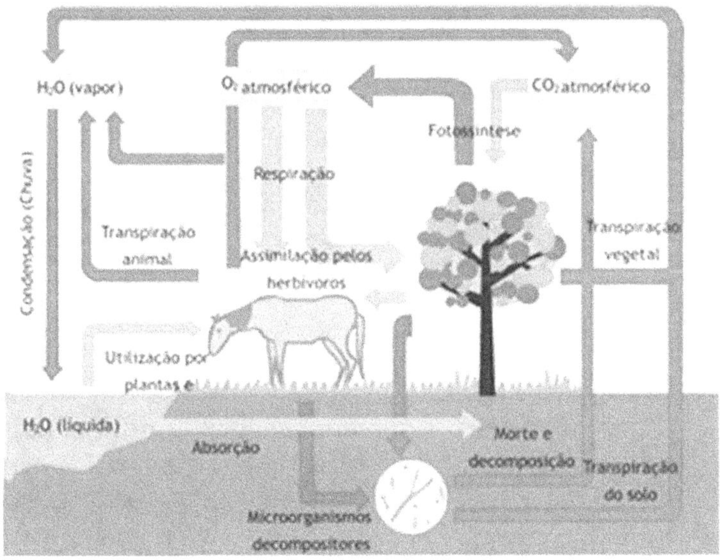

A água

Assim como o oxigênio, a *água* (H_2O) é primordial para a existência da vida na Terra. As reações químicas essenciais à vida ocorrem na água presente no interior das células, e a ciência aponta que o *surgimento da vida* em nosso planeta ocorreu em ambiente aquático.

A água apresenta dois ciclos: *ciclo curto* ou *pequeno* e *ciclo longo*. O *ciclo curto* ocorre pela evaporação da água dos mares, rios e lagos, formando nuvens que se condensam e retornam à superfície na forma de chuva ou neve. No *ciclo longo*, a água passa pelo corpo dos seres vivos antes de voltar ao ambiente. É retirada do solo através das raízes das plantas sendo utilizada para a fotossíntese ou passada para outros animais através da cadeia alimentar. A água retorna à atmosfera através da respiração, transpiração, fezes e urina.

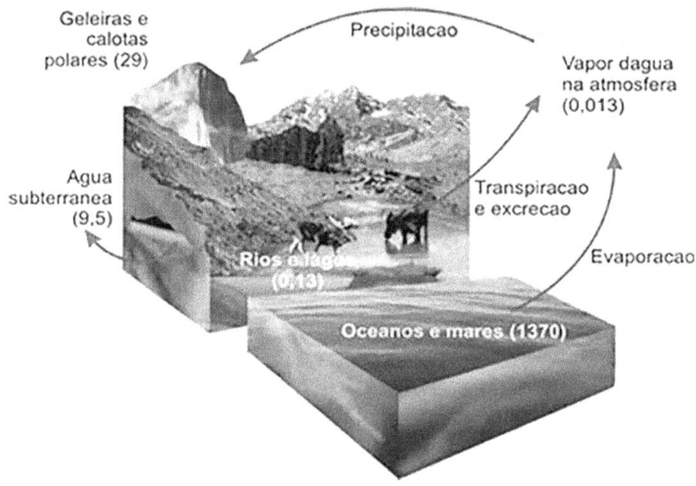

Na figura acima, os números entre parênteses indicam os trilhões de litros cúbicos de água contidos ou que transitam em cada via. Por esses dados, poder-se-ia concluir que a água é inesgotável. No entanto, a maior parte da água do planeta é salgada e não serve para o consumo, e a humanidade ainda não se conscientizou da necessidade de poupar suas pequenas reservas.

O efeito estufa

Trata-se de um fenômeno atmosférico natural, que ocorre devido às propriedades de gases como o gás carbônico (CO_2), vapor de água (H2O), metano (CH_4), ozônio

(O_3) e óxido nitroso (N2O). Esses gases são transparentes e deixam passar as radiações solares, que aquecem a superfície da Terra; mas são praticamente impermeáveis ao calor emitido pela superfície terrestre aquecida (radiação terrestre), e por isso a atmosfera permanece aquecida após o pôr do sol, resfriando-se lentamente durante a noite. Por se parecer ao que o ocorre nas estufas de plantas, devido ao vidro usado nas paredes e no teto, esse fenômeno é denominado *efeito estufa*. Não fosse sua ação, a temperatura média global do ar próximo à superfície seria de 18ºC. Logo, o efeito estufa é benéfico à vida no planeta Terra, mas sua intensificação devida à maior concentração de gases na atmosfera tem aumentado a capacidade de aprisionar a radiação terrestre (calor) e, por consequência, a temperatura da Terra.

O principal gás estufa é o vapor de água, mas sua concentração é muito variável no tempo e espaço. O CO_2, segundo gás em importância, é o principal responsável por manter a radiação infravermelha na atmosfera, impedindo-a de escapar para o espaço. Desde a *Revolução Industrial*, o homem tem liberado quantidades crescentes de CO_2 para a atmosfera, resultantes da queima de *combustíveis*. Estima-se que, antes da Revolução Industrial, a concentração de CO_2 na atmosfera fosse de apenas 0,029%. O aumento de sua concentração na atmosfera tem sido de cerca de 0,5% ao ano, e seu tempo de vida na atmosfera é de até 200 anos. Por esse motivo, os especialistas têm alertado sobre os baixíssimos resultados das políticas ambientais já adotadas e sobre a urgência fixação de metas ambiciosas.

Recentemente (agosto de 2015), a *Organização Meteorológica Mundial* (OMM) divulgou que, no primeiro semestre de 2015, a temperatura média mundial estava *0,85ºC acima da média do século XX, de 15,5ºC*. Conforme dados fornecidos pela *Administração Nacional Oceânica e Atmosférica dos EUA* (NOAA), o maior problema é o aquecimento do oceano, cuja temperatura aumenta constantemente.

A OMM já havia publicado em setembro de 2014 um levantamento preocupante, revelando que a expansão da concentração de gases de efeito estufa registrou o maior salto em 30 anos e, em 300 milhões de anos, nunca os oceanos apresentaram uma taxa de acidez como a de 2013. A taxa de dióxido de carbono (CO_2) bateu todos os recordes em 2013, ficando 142% acima da era pré-industrial, no ano de 1750. Enquanto aumentam as emissões, a capacidade de absorção da biosfera tem diminuído. Em 2013, pela primeira vez, o volume de CO_2 chegou a 396 partes por milhão em um ano, aumento de 2,9 partes por milhão.

Por dia, os oceanos estão absorvendo cerca de 4 quilos de CO_2 por pessoa. A acidez dos oceanos deve se acelerar, o que vai gerar consequências prejudiciais para corais, algas e moluscos e reduzir a biodiversidade.

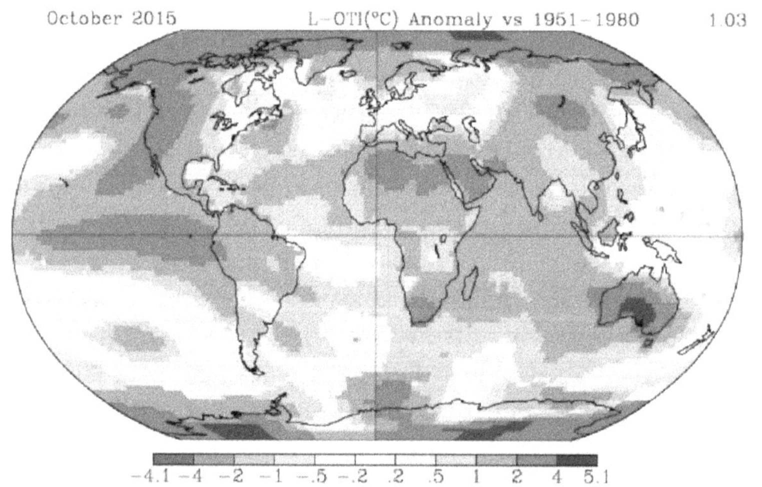

A *World Meteorological Organization* (WMO) comunicou, em julho de 2015, que, de acordo com a *National Oceanic and Atmospheric Administration* (NOAA), os meses de janeiro a junho de 2015 apresentaram as maiores temperaturas médias já registradas desde 1880, tanto na superfície terrestre como oceânica. A publicação inclui a análise da *National Snow and Ice Data Center*, utilizando dados da NOAA e da NASA sobre a extensão das geleiras no Ártico no mês de junho desde 1979. Constatou-se que diminuiu 7,7% (350.000 milhas^2) em relação à média de 1981 a 2010, embora fosse um pouco maior (60.000 milhas^2) que a menor já registrada, em junho de 2010. Já a superfície de geleiras antárticas estava 7,2% (380.000 milhas^2) menor que a média do mesmo período, embora maior (140.000 milhas^2) que a de junho de 2014, o menor recorde.

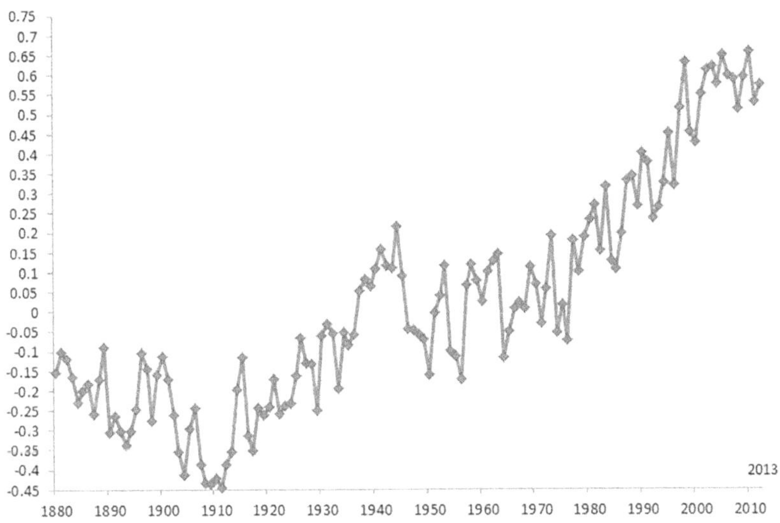

Variações da temperatura global em relação à média do século XX.

No gráfico acima, de acordo com registros da NASA, a evolução da temperatura média global a partir de 1880 até 2010, médias obtidas a partir de estações de monitoramento ao redor do mundo. Observa-se que a partir de 1977 ocorreu uma aceleração e as médias começaram a se superar ano após ano. Essa época coincide com o término da Crise do Petróleo e a aceleração do crescimento das nações mais ricas, como EUA, Japão e Reino Unido e consequente maior emissão de CO_2. Com a entrada da China nesse grupo, aumentaram ainda mais as emissões de gases nos últimos dez anos.

A comunidade científica ainda estuda comprovações de que o aumento na temperatura da Terra é devido ao CO_2. Não foi totalmente excluída a possibilidade de o aquecimento ser um fenômeno natural, ou até que ponto outros gases, como o metano, estejam colaborando com o processo.

A diminuição das geleiras eleva o nível do oceano, o que, com o tempo, irá colocar em risco as áreas costeiras, particularmente as ilhas. Esse aumento do nível dos oceanos poderá causar novas mudanças no clima, mas essas são apenas algumas das consequências do aumento da temperatura atmosférica. Outras possíveis consequências são a aridez em áreas temperadas e a incidência de tempestades cada vez mais fortes em áreas tropicais.

A camada de ozônio

Localizado entre 12 e 50 km de altitude na atmosfera, o *ozônio* (O_3) forma uma camada rarefeita capaz de filtrar grande parte dos raios ultravioleta (UV) que atingem a Terra. Esses raios são extremamente danosos à vida, pois causam *mutações* no DNA das células. Na verdade, os raios UV são tão danosos que a expansão da vida na Terra só ocorreu após a formação da camada de ozônio, há pelo menos uns 2 bilhões de anos.

Na década de 1970, os cientistas F. S. Rowland, Mario Molina e P. Crutzen demonstraram que o ozônio pode ser destruído pela ação de gases chamados clorofluorcarbonetos (os CFCs), utilizados nos sistemas de refrigeração de geladeiras e aparelhos de ar-condicionado, além de servirem como propelentes em sprays e para expandir plásticos na produção de espumas sintéticas (como o isopor).

Com a divulgação do trabalho dos cientistas, surgiu uma preocupação mundial com a destruição da camada de ozônio e foi iniciado um monitoramento permanente de seu estado.

Na cidade de Punta Arenas, no sul do Chile, a incidência de radiação UV aumentou quase vinte vezes. No mesmo período, aumentou o número de casos de câncer de pele na localidade e, como se sabe, o aparecimento desse tipo de câncer está ligado à excessiva exposição à radiação UV. Mas o aumento no número de casos de câncer não é o maior problema associado ao buraco na camada de ozônio. As grandes quantidades de UV sobre a Antártida parecem também estar provocando a diminuição do plâncton na região, o que coloca em risco toda a fauna, pois o plâncton é a base da teia alimentar nesse ecossistema.

Uma alteração desse tipo poderia afetar todas as comunidades marinhas do planeta, devido à importância da Antártida como local de reprodução e alimentação de muitas espécies. Portanto, devido aos riscos associados aos CFCs, decidiu-se que sua produção deveria ser completamente eliminada do planeta até o ano de 2010. Mesmo assim, pode ser que o problema persista por algum tempo ainda, pois se estima que os CFCs possam permanecer na atmosfera por décadas, antes de serem completamente degradados.

Referências bibliográficas

Martins, C. & Oliveira, H. T. (2015). Biodiversidade no contexto escolar: concepções e práticas em uma perspectiva de Educação Ambiental crítica. Em: *Revista Brasileira de Educação Ambiental (RevBEA)*. (Vol. 10, n. 1, 127-145).

Siqueira, F. (2011). *Biodiversidade e interferência humana*. (Trabalho de Conclusão de Curso). Medianeira: Universidade Tecnológica Federal do Paraná.

Soares Filho. (2006). *Relações Harmônicas Intraespecíficas*. http://www.fontedosaber.com/biologia/esclavagismo.html.

3. Considerações gerais sobre o meio ambiente

Tangolunda Bay, Huatulco, Mexico (Foto 2013).

O *meio ambiente* compreende tudo o que nos cerca e que, de alguma forma, influencia nossa situação, direta ou indiretamente; tudo o que ocorre na Terra, seres vivos ou elementos inanimados, fenômenos da natureza ou qualquer coisa que exista ou ocorra, proximamente ou à distância, mesmo que infinita, mas que, de alguma forma, afete os ecossistemas e a vida dos humanos. O CONAMA (Conselho Nacional de Meio Ambiente) define meio ambiente como sendo o conjunto de condições, leis, influências e interações que permitem, regulam e regem a vida.

Analisando o meio ambiente por sua constituição, podemos dividi-lo em: (1) conjunto formado por todas as espécies animais e vegetais, micro-organismos, solo, rochas, a própria atmosfera e os fenômenos naturais que podem ocorrer dentro dos seus limites, enfim, todas as unidades ecológicas que funcionam como um sistema natural, apesar da intervenção humana; e (2) a energia, radiação, descarga elétrica e magnetismo que não se originem de atividade humana, como o ar, o clima, a água, ou seja, os recursos e fenômenos físicos universais, sem limite definido.

A Conferência das Nações Unidas sobre o Meio Ambiente ocorrida em Estocolmo (1972) decidiu pela seguinte definição: "O meio ambiente é o conjunto de componentes físicos, químicos, biológicos e sociais capazes de causar efeitos diretos ou indiretos, em um prazo curto ou longo, sobre os seres vivos e as atividades humanas".

A Lei n. 6.938, de 1981, estabeleceu a Política Nacional do Meio Ambiente no Brasil (PNMA) e apresentou uma definição de meio ambiente como "o conjunto de condições, leis, influências e interações de ordem física, química e biológica, que permite, abriga e rege a vida em todas as suas formas".

O meio ambiente deveria ser um meio natural, sem forte influência humana, em oposição a qualquer ambiente construído pelo homem. Mas, infelizmente, essa influência tem aumentado progressivamente, e, pior, geralmente de forma maléfica.

Tudo na natureza está interligado, e por essa razão nenhuma interferência é um fato isolado, sem consequências. O clima depende de intrincado equilíbrio de trocas de matéria e energia entre as chamadas esferas da Terra, da Atmosfera, da Hidrosfera, da Biosfera e da Geosfera. A distribuição dessas porções no conjunto geral é *dinâmica*, devido à instabilidade própria da Terra.

Atmosfera

Principal fator para sustentação do ecossistema planetário, a atmosfera envolve a Terra como uma fina camada de gases e é mantida pela gravidade do planeta. O ar seco consiste em 78% de nitrogênio, 21% de oxigênio, e 1% de árgon e outros gases inertes, como o dióxido de carbono. Outros gases encontram-se em pequena quantidade (*trace gases*) e compreendem os gases do efeito estufa, como o vapor de água, dióxido de carbono, metano, óxido nitroso e ozônio, além de vários outros compostos químicos. O ar também contém uma quantidade variável de água como vapor, gotículas suspensas e cristais de gelo. Há ainda poeira, pólen e esporos, maresia, poluentes industriais, cinzas vulcânicas e meteoroide.

Dentre os processos intrínsecos da atmosfera, destaca-se a função de distribuir a energia solar e a umidade em toda a superfície. Há grande quantidade de partículas em suspensão, partículas de poeira, fumo e matéria orgânica. A atmosfera divide-se em cinco camadas principais, determinadas pela temperatura: troposfera, estratosfera, mesosfera, termosfera e exosfera. Outras camadas, determinadas por várias outras propriedades, incluem a ozonosfera, a ionosfera, a homosfera e a heterosfera, além da camada limite atmosférica.

Biosfera

A *biosfera*, como já mencionado anteriormente, engloba não somente o conjunto dos seres vivos que povoam a Terra, mas também todos os efeitos da interação entre eles e de cada um deles com o respectivo meio abiótico.

Hidrosfera

A *hidrosfera* é formada pelos reservatórios terrestres de água: oceanos, rios, lagos, águas subterrâneas e glaciares e calotas de gelo (embora alguns cientistas acrescentem um subsistema especial, a *criosfera*, para os reservatórios congelados). Também compõem a hidrosfera os fenômenos relacionados à circulação da água, líquida, sólida ou gasosa, pela superfície terrestre ou pela atmosfera.

Geosfera

A *geosfera* compreende a parte sólida da Terra, seja superficial ou profunda. Distribui-se em camadas de diferente composição material, como crosta, manto e núcleo.

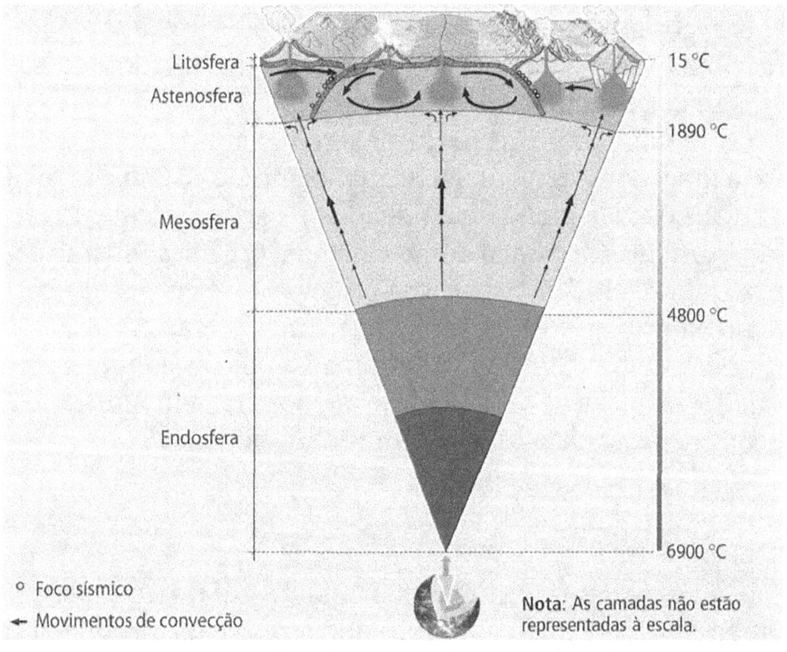

A parte superficial da geosfera é a *litosfera*, formada pelo envoltório rochoso externo do planeta, crosta e parte superior do manto. O manto e o núcleo são as esferas rochosas internas, responsáveis pelo magnetismo terrestre e pela contínua emissão de calor. A astenosfera, camada logo abaixo da litosfera, tem temperatura mais elevada e menor rigidez, podendo ser considerada como algo entre um fluido viscoso e um sólido elástico, de acordo com sua performance ao longo dos séculos ou diante de fenômenos de curta duração, como um abalo sísmico.

A litosfera é química e mecanicamente diferente do manto do interior. A crosta é formada pelo processo de criação das rochas ígneas, através do resfriamento do magma (rocha derretida). Abaixo da litosfera encontra--se o manto, aquecido pela desintegração dos elementos radioativos. Devido a essas camadas não serem sólidas, a transferência de calor entre elas se dá por convecção, que é a transferência da energia calorífica através de um fluido, pela própria circulação do mesmo. Esse processo de mobilização de fluido provoca a movimentação, mesmo que lentamente, das placas da litosfera (tectonismo). Segundo a Teoria Tectônica de Placas, a litosfera é constituída por diversos blocos individuais, denominados "placas litosféricas", que se dispõem em posição de encaixe sobre uma base instável, as camadas mais internas e mais fluidas que se movem entre si.

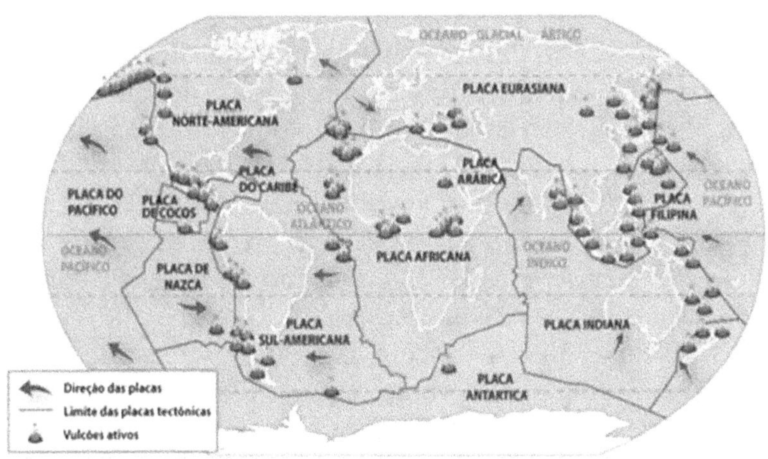

As placas tectônicas sustentam os continentes e os oceanos. A movimentação e os ocasionais encontros entre essas placas gigantescas geram uma grande quantidade de energia, que é acumulada em suas rochas e pode causar tremores de várias intensidades ou os terremotos. Na figura acima estão representados os limites dessas placas, locais onde os terremotos ocorrem com maior frequência e podem ser mais potentes e devastadores.

Essa movimentação pode modificar o contorno do relevo terrestre e é produzida por três fenômenos: (1) convecção do manto superior, quando o calor aquece as rochas que se expandem e se elevam devido à diminuição de sua densidade; durante esse movimento elas se resfriam, sua densidade aumenta e afundam à velocidade de alguns cm por ano; (2) impulsão provocada pela ascensão de lava que irrompe, em alta pressão, nos *"rifts"*, ou fissuras da superfície terrestre, provocadas pelo afastamento e consequente abatimento de partes da crosta; e (3) aumento da espessura da litosfera e consequente afundamento devido à gravidade, provocando tração. A movimentação pode também deslocar grandes quantidades de água e dar origem aos tsunamis. Além disso, a ascensão do manto nas dorsais oceânicas forma os vulcões e provoca a pluma mantélica.

Um vulcão consiste em uma colina ou montanha formada ao redor de uma fissura na superfície terrestre pela qual são expelidos diversos materiais do interior da Terra. Estes, ao esfriar em contato com a atmosfera, formam um grande cone. No cume há uma cratera, orifício de saída do ducto pelo qual o magma ascende. A grande pressão com que o magma é liberado provoca fraturas nas ladeiras (cones adventícios). A erupção pode cessar com a queda de lava solidificada no interior do cone.

Muitos vulcões nascem nos fundos oceânicos. O Vesúvio e o Etna, por exemplo, foram vulcões submarinos que com o passo do tempo emergiram por causa do agregado de magma.

Hidrosfera

Hidrosfera é o conjunto de todos os rios, lagos,

lagoas, mares, águas subterrâneas, águas marinhas e salobras, águas glaciais e lençóis de gelo e água na forma de vapor. Para justificar a alcunha "Planeta Azul", a Terra tem 70,8% de sua superfície coberta por água, sendo que 97,5% de água salgada e apenas 2,5% de água doce. Dessa água doce, 69,8% encontra-se na forma de gelo. Além disso, embora cubra a maior parte da superfície, nosso planeta não mereceria o nome de "Planeta Água", pois apenas 0,02 por cento da massa da Terra se constitui de água.

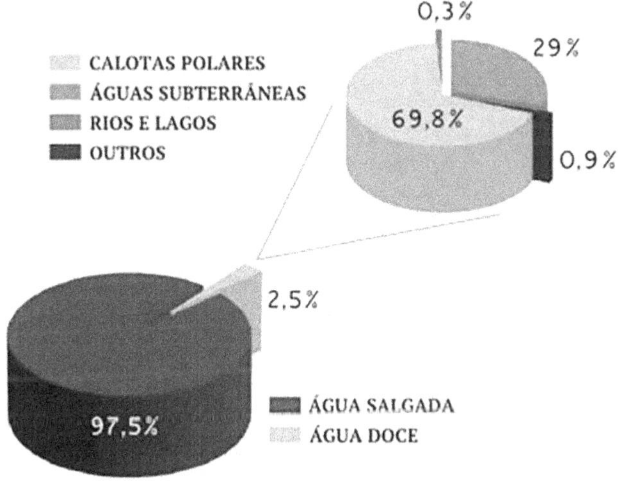

A figura acima representa a disponibilização de água às populações partir de 1980. Comparando à do ano 2000, observa-se primeiramente que se ampliou nas áreas estudadas e também que em alguns países a situação piorou. A oferta de água à população é influenciada não somente pela quantidade de água na região, mas também pelos investimentos em tratamento e distribuição da água, pela política de preservação das fontes e reservas existentes em bom estado e pela recuperação das que foram prejudicadas devido a ações que causaram assoreamento, desmatamento ou contaminação.

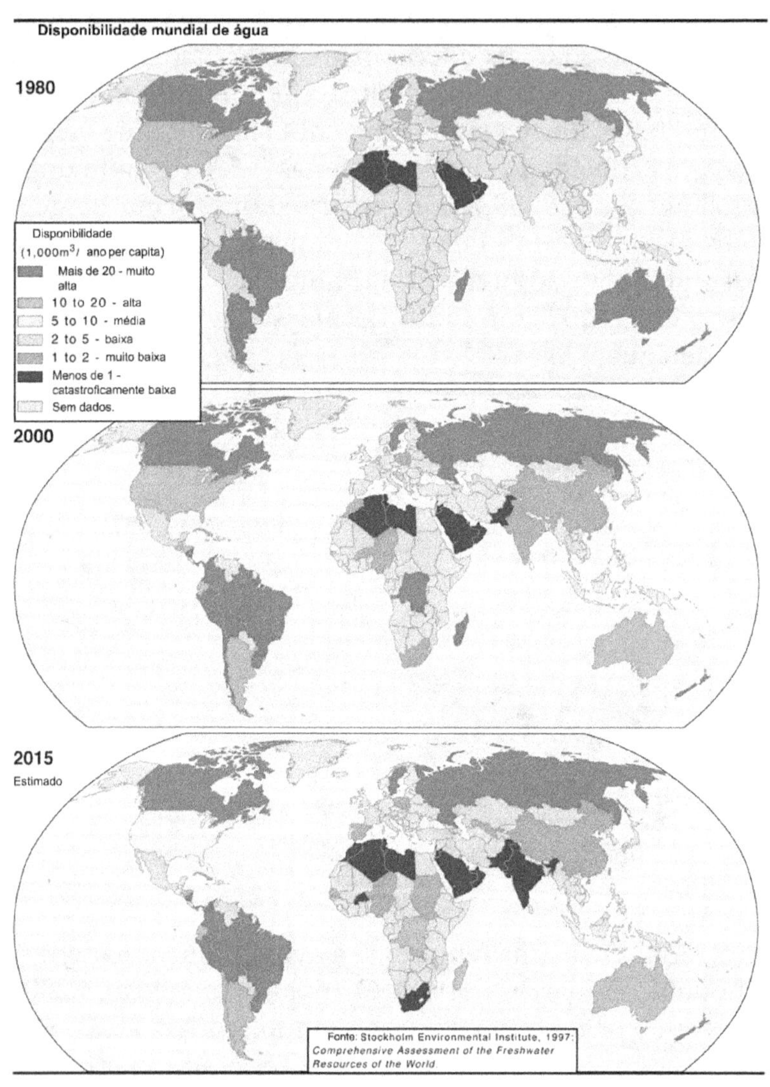

Na figura acima estão representados os resultados de um estudo de 2012 que avaliou a escassez causada por problemas físicos locais ou por dificuldades econômicas de possibilitar a distribuição de água à população, e ainda a relação suprimento x demanda. Em muitos casos, observa-se que a previsão para 2015 no estudo anterior não se confirmou, devido justamente às variáveis de estrutura e implementação de políticas economia e proteção das reservas.

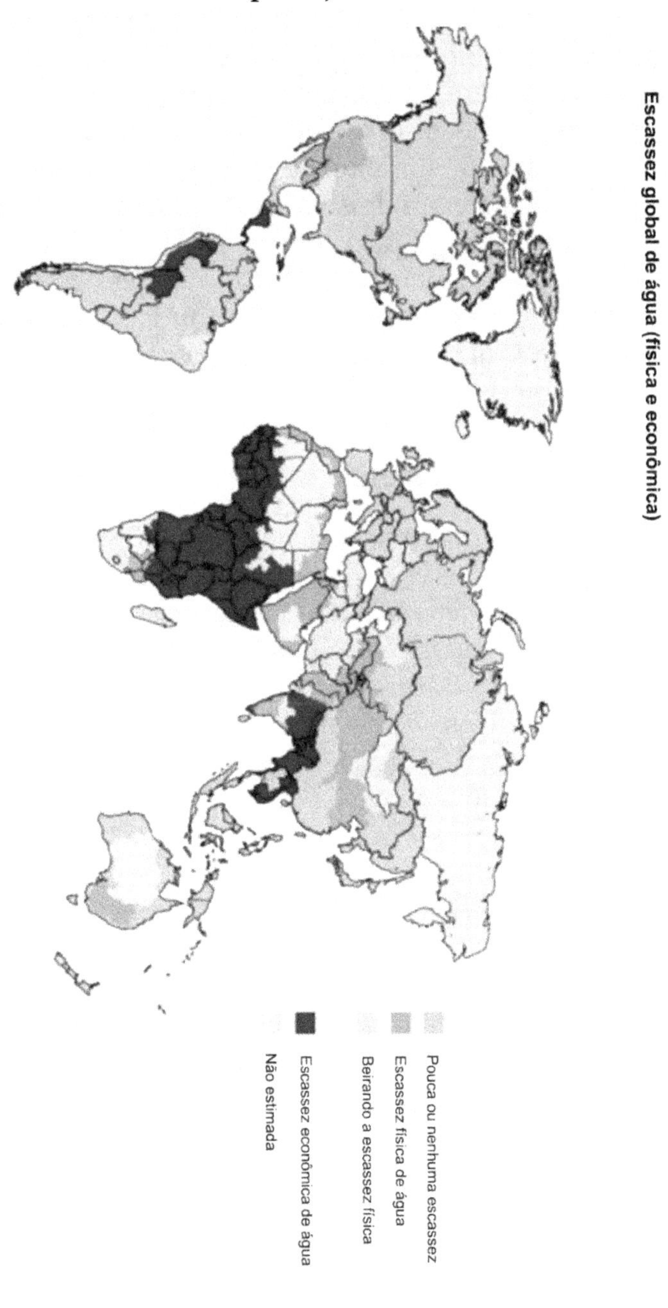

A Organização da ONU para a Alimentação e a Agricultura (FAO) apresentou um relatório no segundo dia do VII Fórum Mundial da Água (FMA), realizado em Daegu, na Coreia do Sul, em abril de 2015. Esse relatório, intitulado "Para um futuro com segurança hídrica e alimentícia", alertou para o uso excessivo de recursos hídricos na produção de alimentos e para a previsão de que a escassez de água afetará dois terços da população mundial em 2050. Atualmente, esse problema já atinge cerca de 40% da população do planeta. O relatório também lançou um alerta para as várias zonas do planeta onde a água subterrânea é muito utilizada, quando não há reposição natural para essa quantidade.

Água na atmosfera

Na atmosfera sempre há água, embora não se possa considerá-la uma "reserva". Além da porção visível, as nuvens, a água atmosférica está presente mesmo no ar claro, na forma de partículas muito pequenas. Considera-se que o volume de água na atmosfera atinja uma soma de 12.900 quilômetros cúbicos. Este volume é tal que, precipitada toda de uma vez em forma de chuva, formaria uma camada de 2,5 cm, ou uma polegada de profundidade em toda a superfície terrestre.

Criosfera

Criosfera é o conjunto das formas em que a água é encontrada na Terra em estado sólido: banquisas, glaciares, icebergs, neve, gelo, granizo e geada. Embora não represente uma porcentagem tão grande, já que totaliza cerca de 69% da água doce, que é apenas 2,5% da água da Terra (1,725%) a quantidade de água na forma congelada é importantíssima na manutenção da temperatura média do planeta.

Glaciologia é o ramo da Geofísica que se ocupa do estudo das geleiras, da sua divisão, das suas variações e dos seus efeitos.

Nas regiões geladas se formam as *banquisas*, que são finas placas de água do mar congelada, facilmente quebráveis, circulando na porção superficial das correntes marítimas. As banquisas, portanto, são feitas de água salgada.

Os glaciares são extensas massas de gelo continental, necessariamente formadas por precipitação de neve que se converteu em nevisa (neve compactada por seu próprio peso, antes de converter-se em gelo) e em seguida em gelo glaciar. Os glaciares podem ser regionais ou inlândsis, ou glaciares locais. O tipo inlândsis é o que cobre a Antártida e a Groenlândia, formando como um casquete ligeiramente convexo com espessura de até 4.00m e ultrapassando as bordas continentais sobre o mar, o que causa desprendimentos, formando os icebergs (enormes blocos de gelo flutuante, tendo sua maior porção submersa), e também as plataformas flutuantes, estas muito mais extensas e que, por sua vez, também podem dar origem a icebergs. Os glaciares locais são bem menores, tanto em área, como em profundidade e se originam mais pela abundância de precipitação de neve do que pela baixa temperatura, adaptando-se ao relevo das montanhas. Em temperaturas próximas do zero grau, são chamados de glaciares tépidos. Sua temperatura vai aumentando até a profundidade em que se contata com o solo.

A Groenlândia apresenta uma camada de gelo de 1,7 milhão de quilômetros quadrados, maior do que as regiões Sul e Sudeste do país, apesar de avaliações da NASA apontarem uma perda anual de 303 gigatoneladas de gelo desde 2004. A camada tem uma espessura média de três quilômetros. Os estudiosos se preocupavam mais com o derretimento do gelo na Groenlândia, mas novas pesquisas mostraram que a situação mais crítica é na Antártida.

Na costa leste da Antártida há formação de gelo

devido ao ar e água mais frios na região, mas isso está ocorrendo em velocidade bastante inferior à do derretimento no lado oeste. Na Antártida, a perda é de 118 gigatoneladas, mas a camada de gelo ainda cobre uma área de 14 milhões de quilômetros quadrados, uma área maior do que a superfície dos Estados Unidos e da Índia somadas.

A região da Groenlândia também preocupa, porque se detectou um aquecimento distribuído por todo o ambiente, desde o ar até a superfície do oceano e suas zonas profundas.

Os cientistas estimam que o processo de derretimento poderá demorar entre 200 e 1.000 anos para elevar o nível do mar em cerca de 10 pés (3,3 metros), mas, como tem se acelerado além do que o esperado, poderá levar apenas cem anos, o que é particularmente alarmante para cidades costeiras e ilhas. Esses resultados foram obtidos em estudo da NASA feito ao longo de 40 anos, publicado na revista *Geophysical Research Letters*. O principal autor do estudo, o glaciologista Eric Rignot,[6] afirmou que "o colapso do setor Oeste da Antártica parece ser irrefreável. O fato de que essa diminuição ocorrer simultaneamente em grande região, sugere que tenha sido desencadeada por uma causa comum, como a elevação da temperatura do oceano sob as partes flutuantes da camada de gelo. Até então, o desaparecimento dessa porção da geleira parece ser inevitável". Segundo Rignot, não há como deter o derretimento através da limitação das emissões de combustíveis fósseis, mas isso poderia diminuir a velocidade do processo.

A elevação do nível do oceano põe em risco po-

---

6 *Chancellor Professor, Earth System Science School of Physical Sciences University of California, Irvine; Senior Research Scientist, NASA's Jet Propulsion Laboratory, Radar Science and Engineering.* É formado em Engenharia pela École Centrale Arts et Manufactures de Paris, mestre em Astronomia e Astrofísica pela Université Paris VI; mestre em Engenharia Aeroespacial, mestre e PHD em Engenharia Elétrica pela University of Southern California (http://www.faculty.uci.edu/profile.cfm?faculty_id=5467)

pulações que habitam regiões de baixa altitude. Segundo Michael Freilich, diretor da Divisão de Ciência da Terra da NASA, cidades como Tóquio e Cingapura podem ser desocupadas devido à invasão das águas, que também afetaria o estado americano da Flórida. Freilich alertou que, principalmente na Ásia, há populações vivendo a menos de um metro acima do nível do mar, e que isso eliminaria completamente países em ilhas do Pacífico.

Ainda não se sabe explicar por que os maiores efeitos do aquecimento global têm se evidenciado nos glaciares. Pesquisadores da NASA cogitam que isso possa estar ligado a alterações dos ventos pelo aquecimento global e aumento do buraco na camada de ozônio. Hoje, a estação de degelo dura 70 dias a mais que no início da década de 1970. Todo verão, cerca de metade da superfície da camada de gelo derrete, mas em 2012, o percentual chegou a 97%.

É uma grande preocupação o derretimento das geleiras, que pode trazer dramáticas consequências para populações que vivem nos vales dos Andes e do Himalaia. Em 2007 foi divulgada uma previsão alarmista do desaparecimento dos glaciares do Himalaia em 2035, que impulsionou a Índia a investir nos estudos das geleiras que sempre haviam sido chamadas de "eternas". Para o estudo das geleiras e prevenção de riscos, a Índia e o Peru optaram pela fundação de cursos de Glaciologia Aplicada, com o apoio da Suíça. Nos Andes, a superfície das geleiras diminuiu 42% em apenas quatro décadas. Especialistas temem que possa perder mais 30% nos próximos decênios.

O trabalho visa, conforme diz Nadine Salzmann, "aportar conhecimentos a fim de reduzir os prejuízos causados a milhões de pessoas que dependem dessas reservas de água e elaborar estratégias de sobrevivência para a mudança climática que já afeta o cotidiano dessas pessoas". Salzman é uma pesquisadora especialista em criosfera das Universidades de Zurique e Friburgo, responsável pelo consórcio suíço de instituições científicas que exporta know-how helvécio[7] e forma peritos locais. O Serviço Mundial de Monitoramento das Geleiras [*World Glacier Monitoring Service*], atuante em mais de 30 países, tem sua sede em Zurique, e suas ações se concentram principalmente nos Andes, Índia, Peru e China. Além das mudanças climáticas, isso afeta dramaticamente as populações locais (na seca, utilizam a água dos lagos glaciários), e a queda de blocos de gelo pode causar tragédias. Em Carhuaz, no Peru, formou-se uma vaga de 28 metros com a queda de um bloco gigantesco. Portanto, a vigilância das geleiras é indispensável.

Oceanos e mares

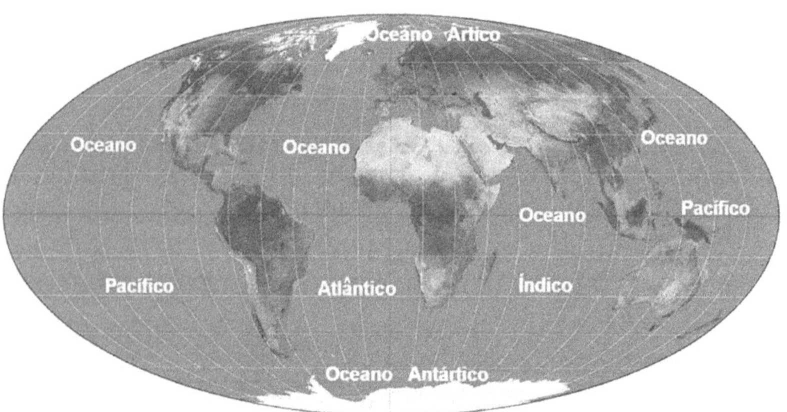

Um contínuo corpo de água, cobrindo 70,8% da superfície terrestre, forma os oceanos, que para fins de estudo, se dividem em vários oceanos principais e mares menores. As principais divisões oceânicas são (em ordem decrescente de tamanho): Oceano Pacífico, Oceano Atlântico, Oceano Índico, Oceano Antártico e Oceano Ártico. O oceano tem profundidade média de 3.794 m, mais de cinco

---

7 Devido à Suíça ter sido chamada "Confederação Helvética", as palavras helvético e helvécio ainda são usadas para se referir a algo original da Suíça, relativo ao país ou aos seus habitantes.

vezes a altura média dos continentes. Cerca de 95% dos oceanos constitui um mistério inexplorado, já que a luz solar penetra num máximo de 275 metros de profundidade, e abriga uma infinidade de espécies desconhecidas, e mesmo assim em risco de extinção pela acidificação dos oceanos.

O Oceano Pacífico é o maior dos oceanos, abrangendo uma área aproximada de 180 milhões de km² (45% da área oceânica total). Sua área supera a somatória de todos os continentes. Sua profundidade média é de 4.280m e possui as mais profundas fossas do planeta, como a de Mindanao, com 11.033m, e a das Marianas, com 10.990m.

O Oceano Atlântico é o segundo maior, com cerca de 87milhões de km². Ocupa 22% da área total oceânica e tem profundidade média de 3.330m. Nele também se encontram grandes fossas, sendo a mais profunda a de Milwaukee, com 9.460m. É cortado por uma imensa cordilheira submersa chamada Dorsal do Atlântico.

O terceiro maior é o Oceano Índico, com 77 milhões de km², (20% do total da superfície dos oceanos). Seu relevo é pouco acidentado, com profundidade média de 3.890m, e sua maior fossa é a de Java, com 6.650m. Por ser o mais tropical dos oceanos, apresenta as maiores médias térmicas, com maiores índices de evaporação e, logo, a maior salinidade.

O Oceano Glacial Antártico cobre aproximadamente 38 milhões de km² (9, 5% da área oceânica), com profundidade média de 2.000m.

O menor dos oceanos é o Oceano Glacial Ártico, com apenas 3,5% da área total, 15 milhões de km². Sua profundidade média também é a menor: 900m. Comunica-se com o Oceano Pacífico através do Estreito de Bering.

Conforme sua comunicação com o oceano, os mares são classificados como: (1) abertos ou costeiros, que se comunicam diretamente com o oceano, como o Mar das Antilhas, o Mar da China, o Mar do Norte e o Mar da Arábia; (2) interiores ou mediterrâneos, que mantêm contato com o oceano através de um estreito ou canal, como o Mar Vermelho, o Mar Mediterrâneo, o Mar Negro e o Mar Báltico; e (4) fechados ou isolados, localizados no interior do continente, sem comunicação nem com o oceano nem com outro mar, como o Mar de Aral, o Mar Cáspio e o Mar Morto.

Em média, a salinidade oceânica é de 3,5%, ou seja, 35 partes de sal por milhar (ppt); e varia desde 0,8%, como no Mar Báltico, a 2,8 a 2,9% em águas costeiras, até 3,74%, como no Mar Mediterrâneo até 32,6%, como no Mar Morto. A densidade da água é maior conforme cresce a salinidade e menor quanto maior a temperatura.

Os oceanos são os grandes produtores de oxigênio. Embora as pessoas se lembrem das florestas quando pensam em renovação do oxigênio, os micro-organismos marinhos produzem mais da metade do gás na atmosfera do planeta. Estudou-se menos sobre os oceanos do que sobre a lua. Portanto, muito pouco se sabe sobre a geologia oceanográfica, o funcionamento dos ecossistemas marinhos e toda riqueza natural que as águas salgadas guardam. Também têm influência na regulação da temperatura terrestre, na atmosfera e na caracterização de tipos climáticos. Apesar de interligados, não há grande troca de água entre os oceanos, devido às características próprias das águas em cada um, como temperatura, salinidade, insolação e movimentação (ondas, marés e correntes marítimas).

Como ecossistema, o oceano é bastante vulnerável. A ação humana traz problemas de poluição, pesca predatória e captura acidental, entre outros problemas. O lixo chega de várias formas, diretas e indiretas, e ocasiona a morte de centenas de animais marinhos e mesmo aves e outros que habitam suas margens, seja por ingestão, seja por causar ferimentos ou enroscamento.

A Organização das Nações Unidas para Agricultura e Alimentação, FAO, está apoiando um projeto que busca traçar o impacto de resíduos plásticos, incluindo lixo como sacolas plásticas e material usado em produtos como cosméticos e itens de banho no Oceano Índico. O navio de estudos viaja desde 1975 coletando informações sobre níveis de oxigênio, temperatura, processos biológicos, saúde dos ecossistemas, distribuição de peixes e recursos marinhos. Promove também treinamento para cientistas de todo o mundo. Posteriormente foi adicionada a tarefa de analisar o impacto e o tipo de lixo nos mares, pois a quantidade tem aumentado muito. Enormes ilhas de lixo flutuantes, com área maior que as do Estado do Pará e Amapá juntos, foram recentemente localizadas nos oceanos Atlântico e Pacífico. Calculou-se que algo em torno de cinco trilhões de peças de plástico estariam flutuando nos oceanos do planeta, com efeito potencial sobre uma cadeia de abastecimento alimentar que vai de plâncton a mariscos, peixes, baleias e, eventualmente, seres humanos.

Grupos de cientistas decidiram fazer um censo para avaliar a vida marinha e sua diversidade, quantidade e distribuição e fundaram o Censo da Vida Marinha em torno da vida nos oceanos no presente, para descobrir o que viveu no passado e o que viverá no futuro. Atualmente, o OBIS (Sistema de Informação Biogeográfica do Oceano) já conta com um arquivo imenso, incluindo 120 mil espécies. Trata-se de um estudo feito com muitas limitações, como a da profundidade e mesmo a de recursos econômicos, mas as descobertas sobre o que já desapareceu podem ser chocantes. Por exemplo, descobriu-se que há 200 anos havia recifes de ostras que se estendiam por vários hectares na região portuária de Nova Iorque. Por outro lado, isso incentivou um grande esforço de recuperação das comunidades regionais. Outras descobertas são impressionantes, como a localização do Atlântico equatorial a três quilômetros de profundidade e sob pressão extrema, onde foi encontrada água com uma escaldante temperatura de 407°C, e ainda há vida no local. Outro achado empolgante foi o da mais rica biodiversidade, com 20 mil tipos de bactérias nas proximidades de uma fissura em erupção a 1.500 metros de profundidade no Pacífico Nordeste.

Rios

Um rio é um curso d'água natural, vinda de nascentes ou fontes, que se soma às águas de precipitações atmosféricas e ou do degelo de glaciais. A região das nascentes é chamada de *cabeceira*. O rio é geralmente de água doce, e pode ser mais ou menos caudaloso. O canal formado pelo curso da água do rio é chamado *leito* e as margens podem ser chamadas *bancos*. Há rios que secam, ou seja, desaparecem fluindo para o solo. Mas geralmente fluem para o mar ou para outro rio, lago ou mar. Os cursos de água que desembocam no leito principal do rio são chamados *afluentes*. O ponto em que um rio deságua em outro, ou no mar, ou lago, é chamado *foz*.

Por sua capacidade de erosão ou deposição, os rios são agentes efetivos na modificação de paisagens. São importantes também como vias de transporte e fontes de água potável, de alimento através da pesca e da irrigação do solo, e ainda fonte de energia hidroelétrica. A região da superfície terrestre que recebe a água do rio e seus afluentes é chamada de *bacia hidrográfica*. Mas há rios que correm no subsolo em uma parte do seu curso. Encontramos muitos sinônimos para rios, como córrego, riacho, arroio, ribeirão e regato, entre outros. Em geral, os rios menos caudalosos ou secundários são chamados de arroio, córrego ou riacho.

A deposição ou acúmulo de sedimentos no fundo do leito do rio é chamada de *assoreamento*. Essa ocorrência tende a diminuir a velocidade do rio e a aumentar o seu nível, facilitando a ocorrência de enchentes, prejudicando a navegabilidade e a função do rio como habitat de seres vivos. Dependendo do fluxo de água na bacia, as terras podem ser sujeitas a inundações. Essas zonas podem ser bem largas em relação ao tamanho do canal do rio.

Os rios, em sua maioria, são *perenes*, ou seja, possuem canais definidos e fluxo permanente. Mas podem ser *intermitentes* (temporários), quando o fluxo das águas é sazonal ou temporário. Nesse caso, o regime de água diminui e o leito pode secar em algumas épocas do ano. A água flui por ocasião da estação chuvosa; porém, no período de estiagem, esses rios desaparecem. Há ainda o grupo dos rios *efêmeros*, que se formam somente por ocasião das chuvas ou logo após sua ocorrência.

Esses três tipos de rios são explicados por sua alimentação e pelo nível do lençol subterrâneo. Os perenes são alimentados por escoamento superficial e subsuperficial. Este último proporciona a alimentação contínua, fazendo com que o nível do lençol subterrâneo nunca fique abaixo do nível do canal. Os rios intermitentes também são alimentados por escoamento superficial e subsuperficial, mas desaparecem temporariamente no período de seca porque o lençol freático se torna mais baixo do que o nível do canal, cessando sua alimentação. Já os efêmeros são alimentados exclusivamente pela água de escoamento superficial, pois estão acima do nível do lençol freático (água subterrânea).

No que diz respeito às relações da drenagem com as águas de subsuperfície, os rios podem ser efluentes ou influentes. Os *efluentes* são comuns nas regiões úmidas; recebem contribuição de água do subsolo e aumentam sua vazão em direção à jusante. *Jusante* é a direção do fluxo normal da água, de uma região mais elevada para outra mais baixa. O termo *montante* é usado para se referir à direção contrária da jusante. Os *influentes* são os rios que perdem água para o subsolo (infiltração), além da perda por evaporação. Desta forma, vão diminuindo sua vazão em direção à jusante e podem secar antes de atingir o mar. São típicos de climas áridos.

Rios de planalto apresentam grande diferença entre a altitude da nascente em relação à foz. São bons rios para a produção de energia, mas dificilmente são usados para transporte, devido à presença de quedas d'água e corredeiras. Já os rios de planície servem bem à navegação, mas não à produção de energia. Em muitos casos os rios de planalto têm parte de seu curso em região de planície.

A *bacia Amazônica*, que se estende por uma área de 7.008.370 km², é considerada *a maior bacia hidrográfica do mundo*. É formada pelo rio Amazonas e seus afluentes, e compreende terras no Peru (0,60%), Venezuela (0,11%), Colômbia (16,14%), Equador (2,31%), Bolívia (15,61%) e Guiana (1,35%). Mas a maior parte (64,88%) da área da bacia está no Brasil: 3.843.402 km², compreendendo terras de sete estados: Acre, Amazonas, Amapá, Rondônia, Roraima, Pará e Mato Grosso.

Até o ano de 2008, acreditava-se que o rio Nilo era o mais extenso do mundo, mas recentemente foram feitas minuciosas medições e, em divulgação já endossada pela NASA, aceita-se que o Amazonas tem 140 quilômetros a mais de extensão. O Instituto Nacional de Pesquisas Espaciais (INPE) concluiu as medições com imagens de satélites conferindo os 6.992 quilômetros de extensão do rio Amazonas, enquanto o Nilo tem apenas 6.852 quilômetros. O rio Amazonas é também o maior rio do mundo em volume.

O Amazonas nasce na Cordilheira dos Andes, no Peru a 5.600m de altitude, e recebe outros nomes antes de ser chamado Amazonas (Carhuasanta, Lloqueta, Apurimac, Ene, Tambo e Ucayali). O que faz da bacia do Amazonas a maior do mundo é a mesma característica das outras grandes bacias: um extenso rio principal com grande quantidade de afluentes e subafluentes. A *segunda maior bacia hidrográfica do mundo* é a bacia do Congo na África, com 3.690.000 km², uma grande diferença comparada à bacia do Amazonas, com seus 7.008.370 km². O rio Congo é o sétimo rio quanto à extensão, tem grande volume d'água e grande potencial hidrelétrico. Percorre as terras dos seguintes países: República Democrática do Congo, República Centro Africana, Angola, República do Congo, Tanzânia, Camarões, Zâmbia, Burundi e Ruanda.

A bacia do Mississippi-Missouri, nos Estados Unidos da América, é considerada a terceira maior do mundo, com 3.328.000 km2. Juntos, os dois rios, considerados como um único, contam com um comprimento de 6.212 km. A bacia do Mississipi-Missouri tem 98,5% da sua área nos Estados Unidos e apenas 1,5% no Canadá.

Nomeando as outras dez maiores bacias do mundo, temos: quarto lugar para a bacia do Rio Prata, na América do Sul, com 3.140.000 km2; quinto para a bacia do Obi, na Federação Russa, com 2.975.000 km2; sexto para a bacia do Nilo na África, com 2.867.000 km2; sétimo para a bacia do São Francisco no Brasil, com 2.700.000 km2; em oitavo lugar vem a bacia do Ienissei, na Federação Russa, com 2.580.000 km2; em nono lugar a bacia do Níger na África, com 2.092.000 km2; e, em décimo, a bacia do Amur, na Federação Russa, com 1.855.000 km2.

Assim, vemos que em terras do Brasil temos três das dez maiores bacias do mundo, sendo a bacia do São Francisco totalmente brasileira.

Lagos, lagoas e lagunas

Lagos e *lagoas* são depressões preenchidas por água e cercadas por terra. Em geral, os lagos não têm vegetação no seu interior; a luz solar mal penetra até o fundo, e sua profundidade é maior que a das lagoas. Lagoas são o contrário, ou seja, mais rasas, com vegetação e a luz solar atinge toda a sua profundidade. *Lagunas* são lagos e lagoas que se comunicam com o oceano e possuem água salgada. Pode-se até considerar que os *mares* são grandes lagos de água salgada. Certos lagos naturais recebem o nome de *represa* e também ocorre de se denominar lagos ou lagunas como *lagoa*.

Os lagos podem ser formados por ação tectônica, ou seja, por movimentação da crosta terrestre, formando depressões e *rifts valleys* que se preencheram de água. Essa movimentação da crosta pode também represar uma região do oceano, como no caso do Mar Morto. O famoso Lago Tahoe surgiu como enorme depressão, devido ao rebaixamento de blocos da crosta (graben, ou fossa tectônica), associado ao soerguimento de outros blocos (horst), originando montanhas. Houve ainda a ação da Era Glacial, mudando a conformação do lago.

A ação geotérmica forma as lagoas vulcânicas (crateras desativadas, caldeiras ou rios represados por lava solidificada ou sedimentos) e fontes termais. Não são lagoas grandes, e em geral têm formato arredondado e são cercadas por rochas ígneas.

Lago Tahoe, Estados Unidos.

As lagoas também podem ser formadas por ação glacial (lagoas glaciais, fiordes, circos). Essa ação ocorre pelo peso, movimentação e derretimento de glaciais. As lagoas formadas por ação antrópica são as resultantes da ação do homem, intencionalmente — como açudes, represas, culturas alagadiças — ou não — crateras formadas por explosivos em guerras ou na mineração. Também podem ter origem associada à linha da costa ou praia (lagoas costeiras ou lagunas). Isso ocorre devido à forma com os rios desembocam na costa, isolando regiões que viram lagunas, ou por sedimentação na foz em delta ou barra, ou de forma oposta, por depressão em área de estuário.

Lagoa vulcânica Tanchi, China. Fonte: Bdpmax, https:// commons.wikimedia.org/w/index.php?curid=249945

A ação fluvial também pode formar lagoas, quando braços de rio (meandros) são desligados do leito principal do rio nas áreas pantanosas, ou por erosão de rochas nas quedas d'água.

O impacto de corpos celestes também forma depressões que podem ser preenchidas por água, formando lagoas.

As lagoas podem ainda ser formadas por movimento de massa e solo, represando rios, por voçoroca ou colapso em solo arenoso; por ação eólica, formando depressões por erosão; por dissolução de rochas, formando depressões e cavernas; por ação de organismos (castores formam represas e organismos vegetais podem acelerar dissolução de rochas).

Lagoa em cratera Lonar, formada por impacto de meteoro (distrito Buldana, em Maharashtra, India).

4. Meio ambiente e grandes biomas

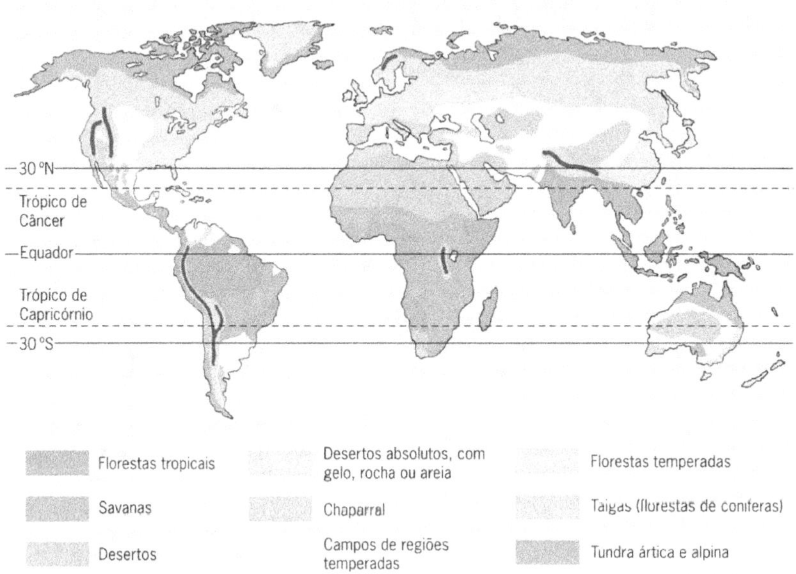

Os biomas são grandes ecossistemas compostos por comunidades clímax. Um bioma é caracterizado, sobretudo, pelo tipo de vegetação que o compõe. É claro que a fisionomia da vegetação é determinada por fatores físicos da Terra, e dentre esses fatores, talvez o mais marcante seja a latitude, ou seja, a localização em relação ao Equador. A quantidade de luz solar, e consequentemente de calor, que incide sobre o planeta, é máxima na linha do Equador e vai diminuindo à medida que chegamos próximo aos polos.

Também a inclinação do eixo da Terra com relação à sua órbita em torno do Sol faz com que haja diferenças climáticas entre o Hemisfério Norte e o Hemisfério Sul.

Os grandes biomas terrestres podem ser divididos basicamente em seis: tundra, taiga, floresta temperada, floresta tropical, campos e desertos. Há ainda outros fatores capazes de afetar o clima, como altitude, correntes marítimas e correntes de ar, que podem influenciar o tipo de vegetação presente em cada local.

Tundras

Tundra, Sibéria, Rússia.

As *tundras* ocorrem nas regiões árticas — norte do Alasca, Canadá, Groenlândia, Noruega, Suécia, Finlândia e Sibéria. São locais permanentemente cobertos pelo gelo, que só descongela por um período de aproximadamente dois meses, no verão. Ainda assim, apenas a camada superficial derrete, possibilitando somente o crescimento de musgos, liquens e algumas ervas. A palavra *tundra* significa "local plano sem árvores" na língua dos povos do leste do Ártico. Alguns mamíferos, como lobos, ursos, lebres, raposas e o boi almiscarado vivem nessas regiões. Além deles, algumas aves migratórias vão para lá no verão e fazem seus ninhos.

Taiga

Lago Jack London, em Kolyma, Rússia.

A *taiga*, também conhecida como floresta de coníferas ou floresta boreal, é o maior bioma terrestre. Localiza-se logo ao sul das tundras, na Sibéria, Alaska, Canadá e Escandinávia. O clima é muito frio e o solo, além de ácido, é pobre em nutrientes. Há apenas duas estações: o longo inverno e o verão, que dura cerca de quatro meses. A flora é composta principalmente por gimnospermas coníferas, como os pinheiros.

A fauna de vertebrados inclui ursos, falcões, pica-paus, raposas, lobos, linces. Também aves migratórias podem ser observadas no verão. O corte de madeira nas florestas de coníferas é a maior ameaça a esses ecossistemas.

Floresta temperada

Blue Ridge Mountains, próximo a Asheville, Carolina do Norte, EUA, no outono.

Esse bioma ocorre no leste dos Estados Unidos e Canadá, nordeste da Ásia e no leste e centro da Europa. A floresta temperada caracteriza-se pelo clima, com quatro estações bem definidas. A flora é representada principalmente por angiospermas arbóreas, como nogueiras, carvalhos e faias, cujas folhas caem no inverno. Por esse motivo, as florestas temperadas também são conhecidas como *florestas caducifólias* ou *decíduas*.

Esse fenômeno fica evidente no outono, quando as folhas das árvores adquirem coloração vermelha, alaranjada ou amarela antes de caírem.

A temperatura nesses locais pode variar de 30ºC negativos no inverno a 30ºC positivos no verão. O solo é fértil, e o dossel formado pelas copas das árvores não é muito fechado, o que permite a formação de um sub-bosque. A fauna é representada por lobos, ursos pretos, esquilos, cervos, lebres, linces, muitos insetos, aves insetívoras, répteis e anfíbios. Atualmente, restam somente algumas áreas esparsas da floresta temperada original.

Floresta tropical

Floresta Amazônica, Brasil.

Essas florestas ocorrem em todo o mundo nas regiões próximas ao Equador. O clima é ameno e muito úmido, com temperaturas na média dos 20-25ºC. A variação de temperatura entre inverno e verão é muito pequena. Talvez a floresta tropical mais conhecida seja a Amazônica, que tem grande parte de sua extensão situada no Brasil.

A diversidade biológica nesses ecossistemas é enorme. A flora é composta de árvores que podem chegar a 40 m de altura, cujas copas formam um dossel bem fechado, fato que torna o interior da floresta extremamente úmido. Também estão presentes plantas como orquídeas, bromélias, cipós, musgos e samambaias, entre outras.

Muitos tipos de vertebrados e, sobretudo, de invertebrados podem ser encontrados nas florestas tropicais. Diz-se que a floresta é estratificada, ou seja, há muitas "camadas". Em cada estrato estão presentes diferentes animais e outros seres associados, formando microambientes muito particulares. Por essa razão, as florestas tropicais provavelmente são os biomas com a maior diversidade de espécies biológicas. O solo é pobre, porém a grande quantidade de material orgânico em decomposição forma uma camada superficial rica em nutrientes e micro-organismos.

Campos

Savana em Uganda, África.

Os *campos* são formações nas quais há predominância de plantas herbáceas. Nesse bioma, os incêndios naturais são frequentes na estação seca e desempenham papel importante no equilíbrio desses ecossistemas. Há muitos tipos de campos, que são basicamente divididos em *estepes* e *savanas*.

As estepes geralmente ocorrem em locais nos quais o clima é temperado, com um inverno muito seco e frio. São enquadrados nessa categoria as pradarias e os pampas. A flora nesses locais é formada principalmente de gramíneas. O solo é fértil e a fauna é variada, podendo ser citados animais como hamsters, marmotas, lobos, coiotes, raposas, falcões, cobras, corujas, aranhas e muitos insetos.

Nas savanas, além das gramíneas, estão presentes arbustos e árvores de pequeno porte. Podem ocorrer em locais de clima quente na África, Austrália, Ásia e Américas. Na estação chuvosa, pode haver grandes tempestades. O solo é poroso, com uma drenagem muito rápida da água. Como representantes da fauna, podem ser citados leões, leopardos, búfalos, cangurus, hienas, serpentes, lagartos e muitos insetos. Logicamente, nem todos esses animais são encontrados vivendo juntos. São característicos das famosas savanas africanas grandes herbívoros, como zebras, girafas, antílopes, elefantes e rinocerontes.

No Brasil, os campos cerrados podem ser enquadrados na categoria de savana. Em muitos locais nos quais havia esses campos a cobertura vegetal original foi retirada para o plantio extensivo.

Desertos

Os *desertos* ocorrem em locais nos quais chove muito pouco e venta muito, podendo ser ambientes quentes ou frios. No deserto de Atacama (Chile), por exemplo, chegou a haver um período de 40 anos sem que caísse nenhuma chuva.

Os desertos representam cerca de 1/3 da superfície terrestre e estão espalhados pelo mundo, sendo que cerca de 10% da população mundial vivem neles. Muitas vezes, mesmo nos desertos quentes, à noite faz frio, pois o solo arenoso perde calor muito rapidamente. Apesar de a aparência indicar o contrário, os solos geralmente são férteis, necessitando somente de água para se tornarem produtivos. As plantas e animais possuem adaptações para economia e armazenamento de água. As cactáceas são possivelmente as plantas perenes mais características dos desertos. Os animais mais numerosos nesses ambientes são os insetos, e a fauna de vertebrados é representada, sobretudo, por répteis. Poucos mamíferos, como os camelos, dromedários e lhamas, conseguem sobreviver em regiões desérticas. Muitas vezes, há mamíferos que se escondem em tocas no subsolo, pois não há árvores grandes o suficiente para abrigá-los.

Deserto de Atacama, Chile.

Como exemplos de desertos, podem ser citados o do Saara (o maior deserto do mundo) e o de Kalahari, na África; os de Mojave e de Sonora, na América do Norte; o Atacama, Altiplano e algumas regiões da Patagônia, na América do Sul. Na Ásia, há o deserto de Gobi, estendendo-se pela Mongólia e China; muitas regiões da Ásia Central, como o Tibete, são desérticas, a despeito das baixas temperaturas; também Índia, Paquistão e Península Árabe são cobertos por áreas desérticas. A Austrália possui vários desertos em sua região central. As caatingas brasileiras, o chamado semiárido, também são consideradas por alguns como regiões desérticas ou semidesérticas.

O principal problema de conservação envolvendo esses ecossistemas diz respeito ao crescente processo de desertificação das áreas adjacentes a eles. O Saara, por exemplo, teve, nos últimos 50 anos, uma expansão de 65 milhões de hectares. O principal responsável por esse processo é a retirada da vegetação original para instalação de plantações, sem tomar o cuidado de deixar o solo se recompor periodicamente. Quando o solo fica esgotado, essas áreas são abandonadas, ficando sujeitas à desertificação.

Oásis

Oásis no Deserto do Saara, África.

Os *oásis* são áreas férteis nos desertos, nas quais há fontes de água provenientes de lençóis freáticos subterrâneos. A água, na maioria das vezes, é proveniente de chuvas que escoam pelas camadas de rocha situadas abaixo da superfície do solo. Os oásis podem ocorrer em qualquer deserto, variando desde pequenas regiões até vastas áreas de terra naturalmente úmidas ou irrigadas. Nos desertos arenosos, eles são encontrados em locais mais baixos, nos quais a erosão permitiu que o lençol freático ficasse mais próximo da superfície. Nos desertos, tanto as plantas anuais quanto as perenes, de modo geral, possuem flores coloridas e grandes, o que atrai os insetos polinizadores. As plantas anuais têm um ciclo vegetativo curto, reproduzindo-se rapidamente e deixando sementes que só germinarão quando chover.

Ecossistemas brasileiros

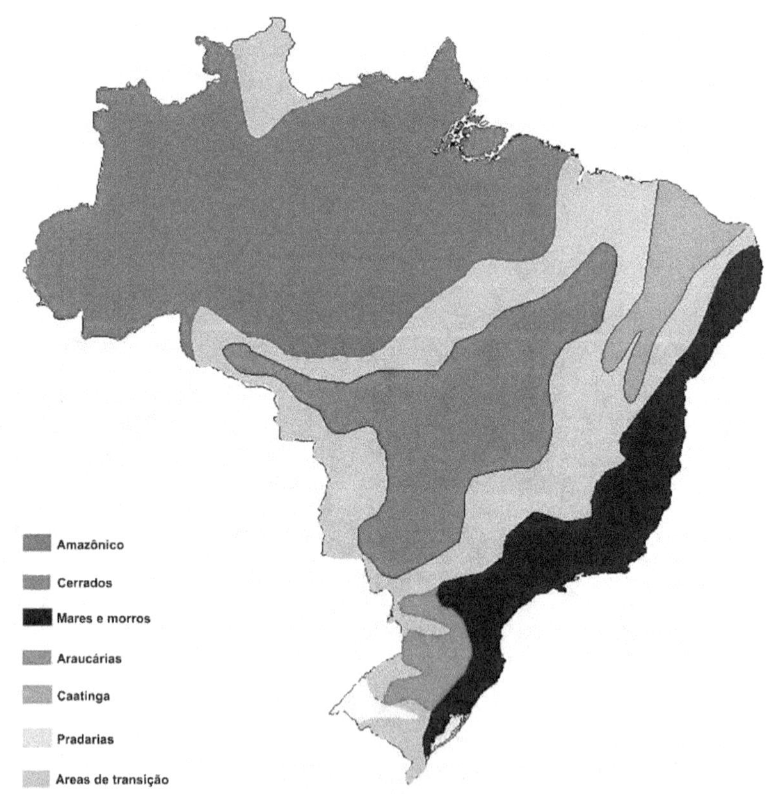

Nosso país possui uma grande diversidade de ecossistemas e muitas vezes não é fácil enquadrá-los nas categorias dos grandes biomas terrestres. Assim, aqui tentaremos listar os mais significativos.

Florestas

Amazônia

A Amazônia abriga a maior floresta tropical úmida que existe, além de possuir a maior bacia hidrográfica do mundo. Grande parte da Floresta Amazônica situa-se no Brasil, nos Estados da Região Norte e no norte do Mato Grosso e de Goiás, ocupando cerca de 50% do território nacional. No entanto, aproximadamente 40% dessa floresta estendem-se pela Guiana Francesa, Suriname, Guiana, Venezuela, Colômbia, Equador, Peru e Bolívia.

O clima da Floresta Amazônica é tropical equatorial, com temperaturas elevadas e pluviosidade alta. É também chamada de floresta latifoliada perenifólia. As copas das árvores formam um dossel contínuo, fechado, que pode bloquear até 95% dos raios solares. Por isso, o interior da mata é escuro, úmido e pouco ventilado.

Podem ser observadas variações na fisionomia da mata, relativas a diferenças no solo, que vai de terra firme até locais permanentemente alagados pelas águas dos rios. Esses alagados podem ser de dois tipos: os igapós, banhados por rios de água escura, e as várzeas, banhadas por rios de águas claras. Além destes, estão presentes vários outros tipos de vegetação como matas de cipó, campinas, matas secas, cerrados, campos de terra firme e matas de bambu.

Algumas espécies de árvores comuns na Amazônia são a seringueira, o castanheiro-do-pará, o jatobá, o guaraná. A fauna é extremamente rica e diversificada, incluindo metade das espécies de aves hoje conhecidas e a maior diversidade de insetos, répteis e anfíbios, além de botos, lontras, macacos e felinos, entre outros. Vale acrescentar que muitas das espécies animais e vegetais são endêmicas.

O extrativismo vegetal é a atividade econômica mais importante da região. Mais de 500 mil árvores são retiradas por ano da floresta, sobretudo para uso na fabricação de móveis e na construção civil. Também a extração da castanha--do-pará, do guaraná, do látex para fabricação de borracha e de muitos outros vegetais é uma atividade econômica importante para a sobrevivência dos habitantes locais.

Extração do látex.

A derrubada de árvores para uso da madeira (principalmente na construção civil) e as queimadas para uso das áreas na agricultura e pecuária são as atividades que causam maior impacto ambiental na região. Na última década do século XX registrou-se, em média, um desmatamento de cerca de 17 mil km^2 por ano. A construção de estradas e alagamento de algumas áreas para a construção de usinas hidrelétricas também contribui em grande parte para o desmatamento.

Como o solo amazônico geralmente tem baixa fertilidade, sendo rica somente sua camada superficial (devido à decomposição de matéria orgânica que cai no chão da floresta), uma vez retirada a cobertura vegetal, o solo se esgota em dois ou três anos, sendo então abandonado e ficando sujeito a processos de desertificação.

Outro problema ambiental diz respeito à exploração de minérios, como ferro, bauxita, sal-gema, manganês, calcário, cassiterita, gipsita, linhita, cobre, estanho, chumbo, caulim, diamante, níquel e ouro, também abundantes na Amazônia. Devido à extração do ouro, por exemplo, calcula-se que sejam jogadas nos rios cerca de 200 toneladas de mercúrio por ano. Já há algum tempo vêm sendo realizadas pesquisas visando obter formas de explorar a floresta de maneira mais racional e sustentável, procurando minimizar a destruição causada a esse ecossistema tão valioso, tanto do ponto de vista biológico quanto econômico.

Pulmão x ar-condicionado

Devido à grande extensão da Floresta Amazônica, muitas pessoas presumiram que a quantidade de fotossíntese que ocorria na floresta atuaria como um "purificador de ar", retirando o CO_2 e devolvendo O_2 para o ar. No entanto, devemos levar em conta que se trata de um ecossistema que atingiu um clímax na sucessão ecológica, ou seja, ele está em equilíbrio. Assim, quase todo o O_2 produzido pela fotossíntese é consumido ali mesmo pela respiração das próprias plantas e dos outros organismos presentes. Atualmente, sabe-se que as principais responsáveis por essa "purificação" do ar são as algas unicelulares, que também são fotossintetizantes, presentes nos oceanos (fitoplâncton). Mas isso não faz a Floresta Amazônica menos importante em escala mundial: a floresta absorve a luz solar que incide sobre ela e usa parte dessa energia na transpiração e evaporação da água. As nuvens formadas pela evaporação são levadas pelos ventos vindos do Oceano Atlântico e, ao chegarem aos Andes, se dividem; uma parte dessas nuvens vem para o sul e outra parte vai para o norte. O clima de muitos locais distantes da Amazônia, como a Patagônia, a Europa e os Estados Unidos, entre outros, depende diretamente do regime de chuvas na Amazônia. A desertificação da floresta poderia afetar o clima no mundo todo!

Assim, fica claro como o equilíbrio climático em todo o planeta depende da Floresta Amazônica, assim como das outras florestas úmidas do mundo.

Mata Atlântica

Originalmente, a Mata Atlântica ocupava cerca de 20% do território nacional ou mais, localizando-se na imensa cadeia de montanhas que se estende pela costa do Oceano Atlântico desde o Rio Grande do Norte até o Rio Grande do Sul. Sua área principal reside nas Serras do Mar e da Mantiqueira, incluindo os Estados de São Paulo, Rio de Janeiro, Minas Gerais e Espírito Santo. Atualmente, restam somente cerca de 5% da cobertura vegetal original, sendo que os principais remanescentes estão no litoral do Estado de São Paulo. Tamanha devastação é resultado da alta densidade demográfica (mais de 50% da população brasileira vivem nessas áreas), bem como da intensa exploração econômica praticada desde o início da colonização europeia.

O clima é variável, dada a extensão em latitude, mas de maneira geral pode-se dizer que há predominância de clima úmido, com alguns meses de seca. A fisionomia da vegetação também varia. Em algumas áreas, há predominância da floresta perenifólia densa. Há áreas em que a floresta é semicaducifólia ou semidecídua. Nas regiões de encosta, a mata é menos densa ainda, devido à frequente queda de árvores. Por causa da possibilidade de penetração de luz, o sub-bosque é bem desenvolvido e é notável a presença de muitas plantas epífitas, como bromélias e orquídeas.

A fauna e a flora são extremamente ricas e variadas e o número de espécies endêmicas (que só ocorrem nessas florestas) é muito alto. Estima-se que a diversidade biológica na Mata Atlântica seja ainda maior do que na Floresta Amazônica. É claro que essa estimativa deve ser feita com relação a uma unidade de área, pois a extensão territorial da Amazônia é bem maior. Das 202 espécies de animais brasileiros ameaçados de extinção, 171 delas vivem na Mata Atlântica. No Sul, a Mata Atlântica gradualmente se mescla com as florestas de araucárias.

Florestas de araucárias

Localizam-se na Região Sul do país, acima de 500 m de altitude, formando um contínuo com a Mata Atlântica. O clima é temperado, com verão e inverno bem definidos e chuvas distribuídas uniformemente. Nelas predomina a gimnosperma Araucaria angustifolia, ou pinheiro-do-paraná, que chega a atingir 30 m de altitude e só se ramifica nas extremidades.

A mata é aberta, uma vez que as árvores não formam um dossel contínuo, o que torna o interior da mata ventilado e seco. A araucária e a imbuia, entre outras espécies vegetais, são utilizadas na construção de móveis e casas e pela indústria de celulose. Esta é, justamente, a maior ameaça a esse ecossistema, que já foi quase que completamente devastado pelo homem. Também a retirada do xaxim (Dicksonia sellowiana), uma pteridófita, para fabricação de vasos, é um fator de risco para o ecossistema. Atualmente, o xaxim está ameaçado de extinção e sua extração foi proibida ou restringida em alguns Estados. Há países nos quais nem sua comercialização é permitida.

A fauna é menos variada do que nas outras áreas florestais brasileiras. Dentre os vertebrados, merecem destaque os roedores, como cutias, ratos e pacas, além de aves como a gralha azul e o papagaio charão.

O cerrado

O *cerrado* se distribui por várias regiões do Brasil, mas concentra-se, sobretudo no Planalto Central. O clima em geral é bem quente, podendo chegar a 40ºC. No inverno, é bastante seco e à noite as temperaturas podem cair até próximo de zero. A vegetação se caracteriza por árvores e arbustos esparsos e de galhos retorcidos, intercalados por plantas herbáceas. Dentre as herbáceas, destaca-se a presença de gramíneas.

As árvores e arbustos possuem raízes muito profundas, que atingem as camadas do solo nas quais a água se acumula mesmo nos períodos de estiagem. Os incêndios naturais são frequentes nos cerrados, devido ao grande acúmulo de folhas secas e de palha no inverno. Já nas áreas baixas, nas quais há maior umidade, há as chamadas matas de galeria.

Podem-se observar adaptações das plantas para resistência ao fogo, como a presença de árvores e arbustos com cascas grossas. Outra característica fisionômica da vegetação do cerrado são os galhos retorcidos das plantas. Isso ocorre em virtude dos incêndios, que muitas vezes queimam a gema apical do ramo, fazendo com que as gemas laterais se desenvolvam.

Após as queimadas, a vegetação recupera-se rapidamente. Muitas espécies de plantas herbáceas florescem algumas semanas depois de um incêndio. Acredita-se que o fogo seja capaz de induzir o florescimento sincronizado nas populações, e assim, a polinização cruzada seria favorecida. Por exemplo, em algumas áreas preservadas de cerrado, é feito o "manejo do fogo", que consiste em se fazer queimadas programadas em determinadas áreas. Esse manejo previne incêndios naturais incontroláveis, preservando a vida nesses ecossistemas.

A fauna dos cerrados é rica, sobretudo em insetos e répteis. Dentre os vertebrados, podemos citar os seguintes animais: gavião, tucano, ema, seriema, tatus, tamanduás, cateto, anta, lobo-guará, cachorro do mato, veado campeiro, gato mourisco, lagarto teiú e diversas cobras, como jararacas, cascavel e jiboia.

Campos rupestres

Campos rupestres de Morro do Chapéu, Bahia.

Esse tipo de ambiente pode ser considerado como um cerrado, no sentido amplo do termo. No entanto, possui características muito particulares, com uma alta diversidade de espécies, muitas delas endêmicas.

Os campos rupestres ocorrem em regiões montanhosas, acima de 900 m de altitude. Podem ser encontrados, sobretudo, nos Estados de Minas Gerais e Bahia, e se caracterizam pela presença de afloramentos rochosos em meio a áreas de solo raso e arenoso. Por estarem localizados nos picos dos morros, distribuem-

-se em áreas descontínuas. Acredita-se que seja justamente esta descontinuidade a causa da grande quantidade de espécies endêmicas aí observadas.

O clima assemelha-se bastante ao do cerrado: quente o ano inteiro, podendo esfriar bastante durante a noite. Na estação chuvosa há formação de vários brejos, que secam completamente no inverno. Os campos rupestres estão sujeitos constantemente a fortes ventos.

A ocorrência de incêndios naturais também é frequente. Por essa razão, as árvores e arbustos, assim como nos cerrados, têm aspecto retorcido e cascas grossas. Nas baixadas também pode haver matas de galerias. Devido à quantidade de micro-habitats existentes, a diversidade da flora é impressionante. É possível observar cactáceas, plantas características de locais áridos, bem próximos a plantas carnívoras (Drosera Spatulata), geralmente encontradas em brejos. Outra característica que diferencia os campos rupestres dos cerrados é a presença de muitas plantas capazes de crescer diretamente sobre as rochas nuas. Entre elas, destacam-se algumas espécies de orquídeas e bromélias, famílias que na maioria das vezes são citadas como exemplo de plantas epífitas. Em muitos locais, o que se observa é um mosaico formado por áreas de campo rupestres intercalados por cerrados e matas.

Devido à grande diversidade e ao alto grau de endemismos, a preservação e o estudo dessas áreas são muito importantes. Mesmo a destruição de pequenas áreas poderia levar à extinção de várias espécies.

Pampas

Os pampas ocorrem, sobretudo, no Estado do Rio Grande do Sul, mas também podem ser encontrados na Argentina e no Uruguai. O clima é do tipo temperado, com as estações bem definidas.

Também chamados de campos limpos, ocupam vastas planícies nas quais predominam as gramíneas. O próprio nome *pampa* é uma palavra de origem indígena, que significa plano. Os pampas são ótimos locais para a criação de gado e agricultura. Atualmente, a maior parte da vegetação original deu lugar à agricultura.

Caatinga

A caatinga ocupa cerca de 10% do território nacional e compreende todos os estados do Nordeste e o norte de Minas Gerais. No chamado Sertão Nordestino, o clima é semiárido. A temperatura fica na média dos 25°C e varia muito pouco durante o ano. Há ventos fortes e secos. O solo é fértil, mas geralmente pedregoso e não consegue reter água.

Os rios que têm nascente nessas regiões permanecem secos por 5 a 7 meses no ano. A vegetação é rala, com presença de várias cactáceas, como o mandacaru e o xique-xique, além de outras plantas adaptadas às rigorosas condições climáticas. A maior parte das árvores e arbustos perde as folhas na estação mais seca, semelhante ao que ocorre em árvores de florestas temperadas no inverno. O aspecto agressivo e espinhoso da vegetação é amenizado quando chove, pois logo a caatinga é coberta pelo verde e muitas espécies produzem suas flores grandes e coloridas. Verdadeiros oásis num deserto, os *brejos* ocorrem em áreas mais úmidas, próximas às serras, nas quais é possível cultivar todo tipo de planta tropical.

Há ainda as áreas elevadas, mais próximas ao litoral, sujeitas a secas bem menos intensas, chamadas de *agreste*. A fauna de répteis é abundante, com muitas cobras e lagartos. Alguns roedores e muitos invertebrados, sobretudo insetos, também vivem na caatinga. Além desses, vale citar a presença de aves como o carcará, a asa-branca e a ararinha azul (esta última, provavelmente já extinta em seu ambiente natural).

A fauna e a flora são únicas, possuindo espécies que não podem ser encontradas em nenhuma outra parte. A caatinga é um dos ecossistemas mais ameaçados do Brasil. Devido à degradação da vegetação, grande parte da Região Nordeste corre o risco de desertificação.

Pantanal

Cerca de 80% do Pantanal estão no Brasil, nos Estados de Mato Grosso e Mato Grosso do Sul. O restante desse ecossistema localiza-se no Paraguai e na Bolívia, onde é chamado Gran Chaco. O Pantanal faz parte da bacia do Rio Paraguai e constitui se de uma imensa planície de áreas alagáveis. A vegetação varia muito, em virtude do grau e da frequência dos alagamentos nas diferentes áreas. Nas regiões que nunca são inundadas, podem ocorrer matas e cerrados. Nas *áreas alagadas* permanentemente ocorrem plantas aquáticas, como a vitória-régia.

Nas áreas alagáveis em que a água escoa rapidamente há predominância de plantas herbáceas, que servem de pastagem para o gado. A criação de gado é a atividade econômica mais importante da região. Há ainda áreas rochosas, nas quais a vegetação assemelha-se mais à de locais secos, como as caatingas.

Chama a atenção a diversidade de vertebrados, sobretudo de aves e peixes, que vivem no Pantanal. A pesca predatória, a caça de jacarés e ariranhas e o assoreamento do Rio Paraguai, provocado pela extração de ouro e diamantes no Mato Grosso, são os fatores que mais ameaçam o equilíbrio desse ecossistema.

Atualmente, já existem algumas fazendas nas quais os jacarés são criados para abate e comercialização. Os criadores são obrigados a devolver à natureza uma parte das crias que nascem em cativeiro. Ações como esta trazem benefícios tanto para o ecossistema em si, como para aqueles que exploram suas riquezas.

Série de filatelia baseada no ecossistema do Pantanal

Ecossistemas costeiros

Tais ecossistemas são litorâneos: sofrem influência do mar e também o influenciam. Ao longo dos 8.000 km de extensão da costa brasileira, é possível identificar várias paisagens diferentes, como costões rochosos, dunas, falésias e mangues, entre outros. Em vários locais, a Mata Atlântica chega quase até a praia. Dividiremos aqui o litoral em três categorias, para facilitar a compreensão: (1) rochoso; (2) arenoso; e (3) limoso.

Litoral rochoso

Os costões rochosos partem de dentro da água e elevam-se para a superfície de maneira variável. Dependendo da abrangência das marés na rocha, a diversidade de seres muda. Há áreas permanentemente atingidas pela água, outras atingidas ocasionalmente e outras ainda nas quais a água nunca chega. Nessas rochas vivem plantas, algas, líquens, moluscos e crustáceos.

Arquipélago de Trindade e Martim Vaz, Brasil (Fonte: Simone Marinho - https://commons.wikimedia.org/w/index. php?curid=39842313).

Litoral arenoso

Restinga de Jurubatiba, Brasil (Fonte: Instituto Chico Mendes).

São as dunas e as áreas mais baixas, nas quais a água se acumula. Chamada de *restinga*, a vegetação varia de pequenas plantas rasteiras até matas, dependendo da distância do mar e da disponibilidade de água.

Litoral limoso

Porto de Galinhas, Brasil.

O solo é lodoso e quase sempre alagado, sofrendo influência das marés. A água salgada do mar mistura-se aos sedimentos dos rios. É onde se formam os *manguezais*, junto a desembocaduras de rios mais ou menos protegidos da ação direta das ondas do mar. Na maré baixa, as plantas mostram suas raízes aéreas trançadas, efeito resultante das adaptações aos constantes alagamentos e ao terreno compacto, que não permite arejamento. Em muitas plantas, os frutos não caem depois de formados; as sementes germinam no próprio galho, o que permite o rápido enraizamento, evitando que sejam levadas pela maré.

Devido à grande quantidade de matéria orgânica em decomposição, os mangues constituem um elo fundamental na cadeia alimentar, pois fertilizam a zona costeira e são locais de desova de muitos animais.

Muitos animais e plantas vivem em áreas associadas ao litoral. Esses ecossistemas são ameaçados pelo crescimento mal planejado das cidades, especulação imobiliária, poluição da água e turismo predatório. Entre outros efeitos danosos, a destruição da vegetação nesses ambientes leva a deslizamentos e movimentação das dunas.

Terceira parte
Poluição do meio ambiente e suas consequências

5. Meio ambiente, poluição, aquecimento global, efeito estufa

A seguir analisaremos as constatações mais importantes elaboradas pelo mundo científico, relativas às mudanças climáticas. A mídia tem feito sua parte, alertando e apontando as agressões do homem ao planeta e seus resultados, que contribuem para o aquecimento global.

Vou dar ainda um enfoque especial à poluição da atmosfera, das águas e do solo, e ao contínuo aumento do degelo dos polos e dos glaciares, que deverão resultar no aumento do nível dos oceanos, causando mudanças no clima e destruição das cidades costeiras, dizimando suas populações e toda a vida existente nesse habitat em particular.

A poluição será estudada de acordo com a visão da antiga Grécia, que considera que a Terra é dividida em água, ar e solo, uma concepção que facilita o estudo do meio ambiente. Entretanto, é importante ter em mente que uma interferência em um dos elementos que compõem o ambiente acaba afetando todos os outros.

A água é um recurso renovável, pois apresenta um ciclo na natureza. A água doce, no entanto, não é inesgotável, e a interferência dos seres humanos na natureza tem provocado a escassez desse importante recurso em várias partes do mundo. A poluição das águas, por exemplo, ocorre devido a uma série de fatores, como emissão de dejetos industriais e de esgotos domésticos, além do uso de herbicidas e pesticidas na agricultura.

Uma das funções mais importantes da água de rios, lagos ou represas é o abastecimento das populações. No entanto, para o consumo humano a água precisa ser potável, o que pode ser obtido com tratamento adequado, de modo a garantir um líquido livre de micro-organismos patogênicos e de substâncias químicas prejudiciais à saúde. O tratamento da água é realizado em diversos níveis e depende do grau de poluição.

A implantação de cidades, hidrelétricas, termelétricas e áreas de plantio deve, portanto, ser cuidadosamente planejada, para que o impacto no ambiente não seja grande nem negativo. Por exemplo, se a quantidade de chuva que cai em uma região for modificada por interferência humana, pode haver estiagem e seca temporária de rios, afetando a pesca, o abastecimento de água e de energia.

Prosseguiremos, então, mostrando as ações nefastas praticadas pelo ser humano, que se mostram responsáveis pelo aquecimento global. Não poderia ser diferente, já que boa parte do aumento de temperatura observado desde meados do século XX foi causado por concentrações crescentes de gases do efeito estufa e como resultado de atividades humanas, como a queima de combustíveis fósseis e a desflorestação.

O efeito estufa ocorre quando uma parte da radiação infravermelha emitida pela superfície terrestre é absorvida por determinados gases presentes na atmosfera. Como consequência disso, o calor fica retido, e não é libertado para o espaço. O efeito estufa dentro de uma determinada faixa é de vital importância, pois, sem ele, a vida não poderia existir. Serve para manter o planeta aquecido e, assim, garantir a manutenção da vida. O que se pode tornar catastrófico é um agravamento desse efeito, algo que vem desestabilizando o equilíbrio energético no planeta e originando um fenômeno conhecido como aquecimento global — aumento da temperatura média dos oceanos e do ar perto da superfície da Terra, que deverá continuar pelo restante do século XXI. Segundo o Quarto Relatório de Avaliação do Painel Intergovernamental sobre Mudanças Climáticas (2007), durante o século XX a temperatura na superfície terrestre aumentou 0,74 ± 0,18°C.

O recuo dos glaciares, que vem ocorrendo de forma global e rápida desde 1850, afetando a disponibilidade de água doce para irrigação e uso doméstico e as atividades de montanha, animais e plantas que dependem da água produzida durante os períodos de degelo, Num prazo mais alongado, afeta também o nível dos oceanos.

Estudada pelos glaciólogos, a coincidência temporal entre o recuo dos glaciares e o aumento medido da concentração de gases do efeito estufa na atmosfera é muitas vezes citada como pilar da evidência do aquecimento global antropogênico. As cordilheiras montanhosas das zonas temperadas, como os Himalaias, Alpes, Montanhas Rochosas, Cordilheira das Cascatas e os Andes meridionais, bem como cumes tropicais isolados, como o Monte Kilimanjaro na África, apresentam, proporcionalmente, a maior diminuição da extensão dos glaciares.

Meio ambiente e poluição

A poluição pode ser definida como qualquer alteração no ambiente natural capaz de produzir uma condição prejudicial aos organismos vivos. Pode ocorrer naturalmente, como no caso de um vulcão em atividade, emitindo dióxido de enxofre, mas o termo normalmente é usado para se referir aos efeitos negativos da atividade humana.

Quando algo provoca um desequilíbrio no meio ambiente, como, por exemplo, o aumento de gás carbônico na atmosfera, o despejo de substâncias estranhas no solo, o lançamento de esgoto ou mercúrio em um rio, dizemos que o ambiente está poluído.

Basicamente, o termo poluição abrange três classificações: (1) introdução de substâncias artificiais e estranhas a um meio; (2) introdução de substâncias naturais estranhas a um determinado meio; e (3) alteração na proporção ou nas características de um dos elementos constituintes do próprio meio.

Tipos de poluentes

O desenvolvimento industrial tem sido um dos principais responsáveis pela poluição dos ambientes aquáticos, seja pela negligência em seu tratamento ou pelo lançamento na natureza de compostos orgânicos, como petróleo e derivados, que constituem importantes poluentes. Estima-se que sejam despejadas anualmente nos oceanos aproximadamente 4 milhões de toneladas de petróleo. Poluentes orgânicos, como os fenóis, originários das indústrias químicas e farmacêuticas, são muito tóxicos, e afetam a atividade normal das proteínas dos seres vivos.

Os poluentes industriais inorgânicos, constituídos basicamente de metais pesados como cobre, mercúrio, chumbo, cádmio, crômio e zinco, dentre outros, são largamente empregados em pigmentos, esmaltes, tintas e corantes. Também estão presentes na composição de latas de conserva, pesticidas e remédios. Quando presentes em concentração acima dos níveis suportáveis pelo organismo, é detectada uma ação prejudicial muito ampla, provocando problemas como insanidade, retardamento mental e má formação de fetos.

Os resíduos industriais alcalinos (básicos) ou ácidos afetam o pH da água — potencial de hidrogênio, que indica a acidez ou basicidade de uma solução aquosa. Quando o pH é inferior a 4,0, os animais vertebrados morrem, assim como a maioria dos invertebrados e plantas. Nessas condições, só podem sobreviver poucas algas e bactérias, não sendo possível a piscicultura. A mudança de pH nas águas de rios e lagos pode ser ocasionada por diversos fatores, entre eles a limpeza de equipamentos feita com ácidos ou bases fortes (fato constantemente observado, por exemplo, nas proximidades de usinas de açúcar) e a chuva ácida.

A maioria dos ecossistemas do planeta Terra e sua biota necessitam de água doce para sua sobrevivência. No entanto, como já vimos, apenas 2,5% da água existente no planeta é doce, sendo que 2/3 dessa água estão armazenados nas geleiras e calotas polares.

Poluição da água e atividades agrícolas

Técnicas agrícolas, como as queimadas, também são responsáveis pela poluição da água. Por deixarem o solo desprotegido, terra, capim e outros sedimentos podem ser transportados pelas águas da chuva, assoreando rios, lagos e represas. A cobertura vegetal é importante, pois impede que a água da chuva provoque grandes enchentes. Isso permite que a água possa infiltrar-se lentamente na terra e forme lençóis subterrâneos (ou freáticos) nas camadas impermeáveis da crosta terrestre.

O uso de fertilizantes químicos na agricultura também provoca o aumento de substâncias eutrofizantes na água. Esses fertilizantes contêm nitrogênio, carbono e fósforo, nutrientes responsáveis pelo aumento da taxa de crescimento de algas e micro-organismos aquáticos. O fósforo, na forma de fosfato, é um agente limitador da eutrofização das águas, já que o carbono e o nitrogênio são encontrados facilmente no ambiente, na forma de gás carbônico atmosférico ou de compostos nitrogenados produzidos por micro-organismos fixadores a partir do nitrogênio atmosférico.

Após a Segunda Guerra Mundial, os inseticidas, inicialmente usados para combater insetos transmissores de enfermidades e pragas na lavoura, foram usados indiscriminadamente no combate a epidemias. O DDT, por exemplo, apesar de ter combatido tifo e malária, não é degradado facilmente pelo meio ambiente. Ainda que seja pouco tóxico ao ser humano em pequenas doses, o DDT se acumula ao longo da cadeia alimentar, intoxicando plantas e animais.

Eutrofização

Os esgotos domésticos poluem as águas porque provocam um fenômeno conhecido como eutrofização. Os mares, rios, represas e lagos recebem todos os dias grandes quantidade de esgotos domésticos, contendo fezes, urina, detergente e restos de comidas que acabam servindo de alimento para micro-organismos e peixes. Os micro-organismos se reproduzem rapidamente e absorvem, nesse processo, uma grande quantidade de oxigênio. Assim, a quantidade de oxigênio dissolvido na água diminui, provocando a morte de animais e plantas por não haver oxigênio suficiente para a respiração. Por outro lado, isso favorece o crescimento de micro-organismos que conseguem viver em ambientes contendo até menos de 1 mg de oxigênio por litro de água (os peixes, por exemplo, necessitam de 3 ou 4 mg de oxigênio por litro de água para sobreviver). Além disso, existem micro-organismos anaeróbicos, que reduzem o ânion sulfato para obterem oxigênio e produzem gás sulfídrico, que exala um cheiro característico, similar ao de ovo podre.

Nas décadas de 1950 e 1960, eram utilizados sais de fosfato em larga escala na formulação de detergentes. A função desses sais de fosfato era controlar o pH e manter os íons de cálcio dissolvidos na água, evitando a formação de incrustações nas tubulações industriais e residenciais. No entanto, apesar de não serem tóxicos, os detergentes com alta concentração de fosfato causam eutrofização. Outro problema sério é a produção de espuma, que pode atingir volumes muito grandes, diminuindo a quantidade de oxigênio dissolvido na água.

Na década de 1950 houve um grave incidente envolvendo metais pesados no Japão. Uma indústria química liberava resíduos contendo metil mercúrio em um rio próximo à região da Baía de Minamata, local muito utilizado para a pesca de subsistência. O metil mercúrio acumulava-se nos sedimentos da baía e entrava na cadeia alimentar, servindo de alimento para as bactérias, que eram posteriormente ingeridas pelos peixes. Propagando-se na cadeia alimentar, o mercúrio orgânico atingiu outros seres vivos, como os gatos, provocando espasmos, paralisia parcial e a morte desses animais. Nos seres humanos que se alimentaram dos peixes contaminados houve degeneração do sistema nervoso e danos irreversíveis ao cérebro. O triste episódio, além de provocar alterações genéticas, atingindo até hoje os descendentes das vítimas, causou a morte de 50 pessoas, e outras 150 tiveram problemas de deficiência física e mental.

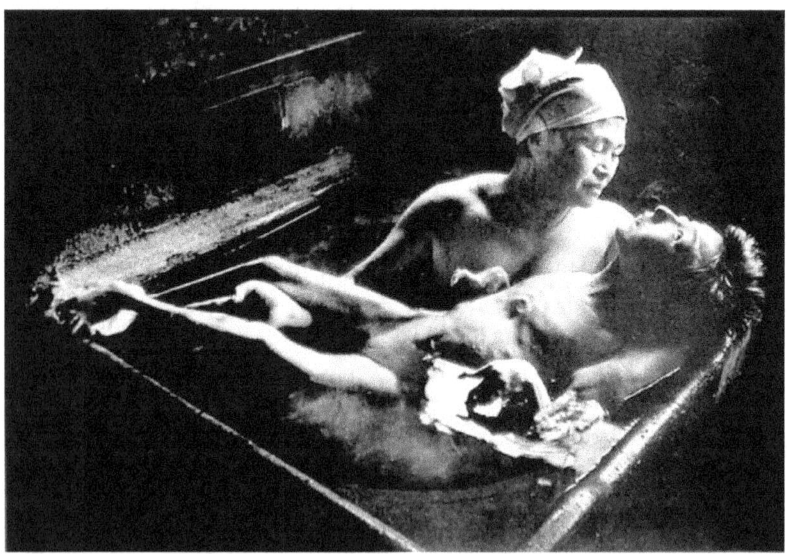

Foto da doença de Minamata que se tornou símbolo do desastre ambiental.

Outro grave incidente com metal pesado ocorreu em Cubatão, na década de 1980, onde a contaminação por chumbo provocou graves problemas de anencefalia.

Padrões de potabilidade da água

No Brasil, as normas e padrões de potabilidade para

a água destinada ao consumo humano são regidos pela portaria número 36 do Ministério da Saúde, que, junto às autoridades competentes de Estados e Distrito Federal é responsável por exercer a fiscalização e o controle do cumprimento dessa portaria. A portaria estabelece diversas classes de corpos de água, e a diferença crucial está no tipo de tratamento da água: enquanto na classe 1 o tratamento é simplificado, na classe 2, assim como na 3, o tratamento é convencional; as águas da classe 4 são destinadas aos usos menos exigentes.

Tratamento da água

As estações de tratamento de água (ETA) são projetadas para fornecer água potável continuamente. As principais operações no tratamento da água são:

— *decantação*: responsável pela remoção natural de partículas de materiais suspensos na água com diâmetro superior a 10-4 mm. Nesse processo, utiliza-se a gravidade para atrair as partículas para o fundo de tanques nos quais a água é armazenada.

— *coagulação/ floculação*: partículas com diâmetro menor que 10-4 mm são tão pequenas que levariam dias ou até mesmo semanas para decantarem pela ação da gravidade. Então, são utilizadas substâncias químicas para fazer a remoção de tais partículas. No processo de coagulação,é empregada uma substância química chamada sulfato de alumínio — $Al_2(SO_4)_3$. O $Al_2(SO_4)_3$ dissocia-se na água, gerando espécies eletricamente carregadas (SO_4^{2-} e Al^{3+}), e parte dos íons Al^{3+} neutraliza as partículas coloidais que apresentam cargas negativas. O restante desses íons combina-se com os íons OH^- da água, formando $Al(OH)_3$ (hidróxido de alumínio), uma dispersão coloidal tipo sol carregada positivamente, que também neutraliza as partículas suspensas na água. Em alguns casos, CaO é adicionado para diminuir a acidez do meio (a acidez impede a formação da dispersão coloidal de hidróxido de alumínio). Assim, os coágulos formados são forçados a se juntarem em flocos maiores que, por serem mais pesados, vão se depositar no fundo do tanque.

— *filtração*: nesse processo, a água passa por um filtro constituído de uma camada de areia fina depositada sobre camadas de cascalho e pedregulhos. As partículas coloidais que não se precipitaram durante o processo de coagulação/ floculação são retidas pelos filtros.

— *cloração*: para assegurar que micro-organismos patogênicos não estejam presentes na água potável, depois de filtrada esta passa por um processo de desinfecção no qual se usa cloro (HCl). A dissolução de cloro em água produz o ácido hipocloroso, que se dissocia formando o ânion hipoclorito e diminuindo o pH da água. O pH do meio é importante nesse processo, pois define o grau de ionização do ácido hipocloroso, que, em pH abaixo de 7,5, é a espécie predominante e possui um poder de desinfecção 80 vezes maior que o do íon hipoclorito.

— *fluoretação*: visando a prevenção de cáries nos dentes, algumas cidades fazem a adição de pequenas quantidades de flúor após o processo de cloração da água.

— *análise*: antes de ser liberada para consumo, a água tratada passa por um rigoroso controle de qualidade para verificar se apresenta padrões de potabilidade aceitáveis para consumo.

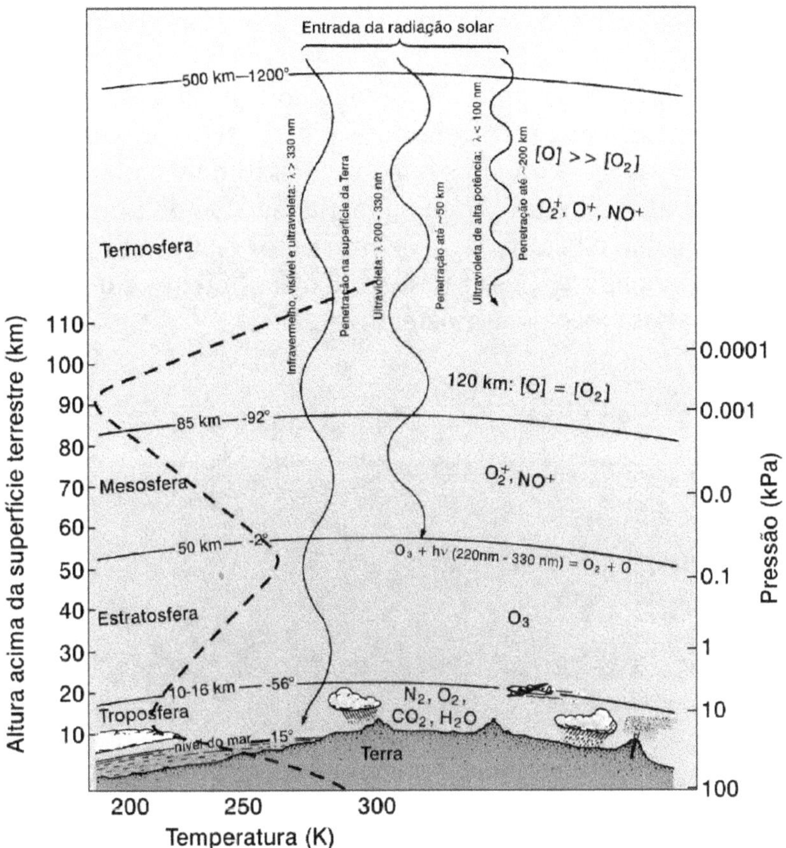

Poluição do ar

A atmosfera terrestre é fundamental para a manutenção da vida no planeta. Dentre as funções exercidas por ela, podemos citar: (1) proteção contra radiações eletromagnéticas prejudiciais à vida terrestre; (2) reservatório de gases como o oxigênio O_2, gás carbônico CO_2 e nitrogênio N_2, já que o oxigênio e o gás carbônico são essenciais aos processos de respiração e fotossíntese, enquanto que o nitrogênio é utilizado por bactérias e algas na síntese de compostos nitrogenados; e (3) regula o clima do planeta Terra.

Além disso, a atmosfera terrestre é um componente essencial para o ciclo da água, atuando como elemento transportador das águas dos oceanos para os continentes.

Desde o advento da Revolução Industrial, a atmosfera terrestre vem sofrendo um gradativo processo de transformação. Ano após ano, a emissão de gases poluentes vem aumentando, o que abala a "saúde" da atmosfera. A destruição da camada de ozônio pelos CFCs, a formação da chuva ácida e o efeito estufa são fenômenos que refletem as alterações na atmosfera terrestre.

Chuva ácida

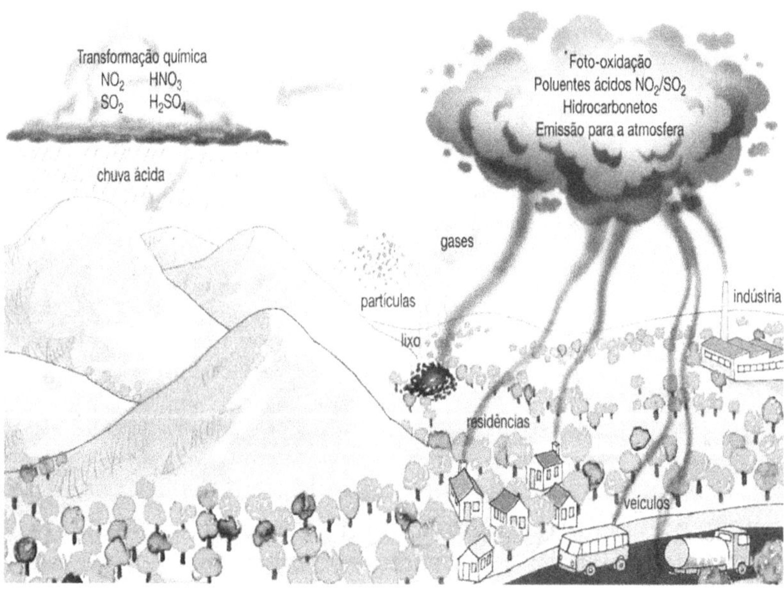

Um sério problema causado pela poluição do ar é a chuva ácida, um fenômeno que ocorre quando são queimados combustíveis fósseis, como carvão, gasolina e óleos combustíveis. Essa queima libera óxidos de enxofre e óxidos de nitrogênio, que se combinam com a água presente no ar formando ácido sulfúrico e ácido nítrico.

A água da chuva ácida penetra no solo e escoa pelos

rios, provocando graves desequilíbrios ambientais, entre eles o declínio das florestas, pois enfraquece as raízes, alterando a capacidade das plantas em absorver os nutrientes. Afeta a agricultura, pois impede o crescimento das sementes. Além disso, a chuva ácida faz com que o pH das águas diminua para valores inferiores a 5,6, interferindo, assim, em vários processos fisiológicos dos seres vivos.

Os seres vivos são afetados não só pela acidez da água, mas também pela solubilização e mobilização de metais tóxicos. No homem, o organismo pode ter suas funções neurológicas comprometidas pelo acúmulo de metais pesados, como chumbo, cobre, zinco, cádmio e mercúrio, dissolvidos nos solos e sedimentos por causa do aumento da acidez das águas. Esses metais podem chegar ao homem através da cadeia alimentar, além de interferir na qualidade da água potável.

A chuva ácida também acelera a corrosão e o desgaste de materiais empregados na construção civil. A pintura dos automóveis, o concreto e o vidro das edificações se deterioram rapidamente com a acidez da chuva.

Outras considerações sobre o efeito estufa

Desde 1860, com o início da Revolução Industrial, tem ocorrido um aumento progressivo na liberação de gás carbônico para a atmosfera devido à queima de combustíveis fósseis. Coincidentemente, tem sido observado um acréscimo de 0,66 a 1,0°C na temperatura anual da troposfera terrestre, que acompanha o aumento da concentração de CO2. Esse aumento de temperatura anual pode trazer efeitos benéficos e prejudiciais ao planeta. Em algumas regiões do globo terrestre, o inverno rigoroso pode ser atenuado, ou então a distribuição das águas da chuva pode ser mais favorável em regiões de seca.

Mesmo esses efeitos benéficos, no entanto, muitas vezes estão associados a eventos catastróficos, como inundações de regiões próximas à costa marítima e longos períodos de seca em outras regiões, que geram graves repercussões para a vida dos habitantes locais.

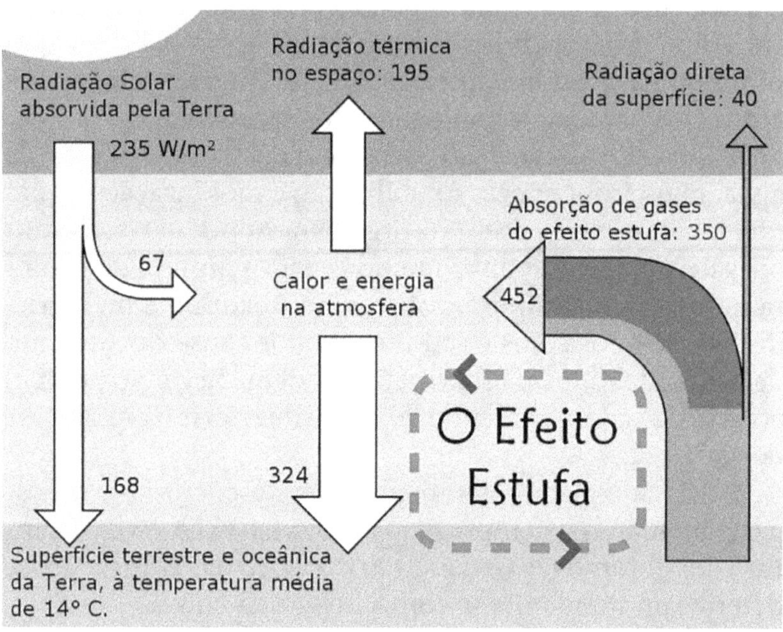

Fonte: *https://commons.wikimedia.org/w/index.php?curid=9703343.*

Camada de ozônio

A atmosfera protege a Terra das *radiações ultravioleta* (UV), que têm comprimento de onda inferior a 300 mm e podem causar o câncer de pele. Apenas as radiações cósmica e eletromagnética do sol, de comprimento de onda entre 300 e 2500 mm, e as ondas de rádio, entre 0,1 e 40 m, atravessam a atmosfera. Diversas moléculas diferentes são responsáveis pela absorção das radiações solares. O O_2, por exemplo, absorve radiação UV na faixa de 70 a 250 mm. Na região da estratosfera e acima desta, o O_2 e o N_2 filtram as radiações com comprimento de onda inferior a 220 mm.

A radiação na faixa de 220 a 320 mm é absorvida

principalmente pelas moléculas de ozônio (O_3), presentes em uma fina camada distribuída entre região média e baixa da estratosfera. As moléculas de ozônio são formadas e destruídas na estratosfera terrestre por meio de reações extremamente exotérmicas, num ciclo chamado de *Ciclo de Chapman*.

O ozônio se concentra a uma altitude entre 20 km e 40 km, e sem a camada de ozônio os raios ultravioleta atingiriam a Terra com uma intensidade muito maior do que ocorre hoje, extinguindo a maioria das espécies vivas do planeta. A diminuição dessa camada é vista como um grave problema ecológico.

As primeiras constatações da diminuição na camada de ozônio foram feitas em 1982. Desse momento em diante, a camada do ozônio tem sido monitorada com maior intensidade. A princípio, a camada de ozônio apresentou diminuição no Polo Sul (Antártida). Mas, em 1992, foi constatada que no Polo Norte também ocorria a diminuição dessa camada e que nas regiões de baixa latitude (zonas tropicais e equatorial) já era possível verificar significativas baixas de presença de ozônio na atmosfera. Em algumas regiões, a redução chegou a formar "buracos", ou seja, zonas da atmosfera com reduzidas concentrações de ozônio. Em 1995, a Organização Mundial e de Meteorologia (OMM) chamou a atenção para a dimensão do buraco na camada de ozônio na Antártida: ela havia atingido o tamanho recorde de 10 milhões de km^2, área aproximadamente igual à da Europa. Em apenas um ano, o tamanho dobrou. Em setembro de 1996, o tamanho da destruição era de nada menos que 22 milhões de km^2.

Enquanto esses furos estavam restritos às calotas polares, seus efeitos nocivos, embora existissem, eram menores. O problema é que, em seguida, os raios ultravioleta passaram a afetar regiões habitadas por populações humanas ou cobertas por vegetação.

A camada de ozônio foi bastante afetada pelo uso indiscriminado de CFCs. O primeiro CFC fabricado foi o fréon, um gás incolor usado em refrigeração e como propelente de aerossóis. Ele não é venenoso nem inflamável, mas desequilibra o Ciclo de Chapman, o que diminui a eficiência da camada de ozônio na proteção do ambiente contra os raios UV.

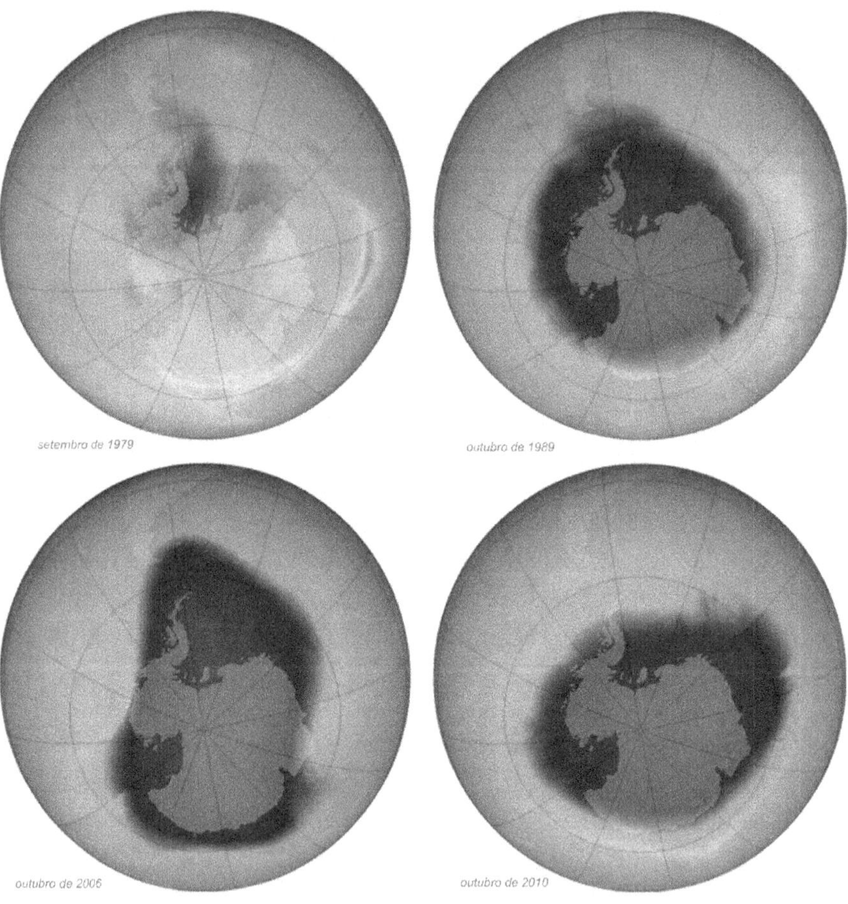

A partir do Protocolo de Montreal (1987/ 89), no entanto, o uso de CFCs tem decrescido pronunciadamente e esses gases estão proibidos em vários países. Pretende-se que a utilização dos CFCs seja completamente banida.

O ozônio é um composto tóxico para os seres vivos, e

sua presença na troposfera é indesejável, sendo considerado um risco à saúde das pessoas e à manutenção do equilíbrio do meio ambiente. Já a maior exposição de seres humanos aos raios ultravioleta tem causado uma série de doenças na pele, como queimaduras e câncer. Os efeitos podem atingir também as atividades de agricultura e agropecuária, diminuindo a produção nesses setores. Uma diminuição muito acentuada do ozônio poderia liberar a passagem de um tipo específico de raio ultravioleta (o tipo C), que apresenta maiores riscos para as espécies vivas, pois é capaz de destruir o DNA que guarda todas as informações genéticas dos seres vivos.

Excessos de raios ultravioleta

Dados disponíveis em 1996 indicavam que a média anual de radiação ultravioleta no Hemisfério Norte vinha aumentando 6,8% por década. Áreas de países como a Inglaterra, Alemanha, Rússia e da Escandinávia estavam incluídas nesse aumento. No Hemisfério Sul, a taxa de crescimento da radiação era ainda maior, cerca de 9,9% por década, atingindo o sul da Argentina e do Chile. Podemos perceber, então, que o aumento da incidência de raios ultravioleta é maior nas latitudes altas e médias, atingindo áreas nas quais há grandes populações humanas e nas quais ocorrem atividades agrícolas. No Brasil, no início de 1997, chegava a notícia de que sobre os estados do Nordeste o nível de radiação ultravioleta havia aumentado 40% em comparação de igual período de 1996.

Segundo a Agência Norte-Americana de Proteção Ambiental, a redução de 1% da camada de ozônio provocaria um aumento de 5% no número de pessoas que contraem câncer de pele. Outro estudo realizado por médicos brasileiros e norte-americanos, divulgado em setembro de 1994, demonstrava que cada 1% de redução da camada de ozônio desencadeava um crescimento específico de 2,5% na incidência de melanomas. Segundo a Fundação de Câncer de Pele, entre 1980 e 1989, o número de novos casos anuais nos Estados Unidos praticamente dobrou. Enquanto em 1930 a probabilidade de as crianças americanas terem melanoma era de uma para 1.500, em 1988 essa chance era de uma para 135.

Em Queensland, no nordeste da Austrália, mais de 75% dos cidadãos acima de 65 anos apresentam alguma forma de câncer de pele. Nos Estados Unidos, calcula-se que estejam surgindo anualmente 5 mil casos de carcinoma de pele por causa da redução da camada de ozônio. A estimativa de aumento de casos para a população Americana é de 10% na incidência de câncer de pele até por volta de 2050 (Fonte: OMS).

Poluição e erosão do solo

O solo é o lugar de onde vegetais e animais retiram parte da energia necessária para sobreviver. Dele, o homem retira o seu alimento, vestuário e habitação. A poluição do solo é tão problemática para a humanidade quanto a poluição da água.

Muitas vezes, o solo é protegido por uma camada

de vegetação e as raízes das plantas são responsáveis pela drenagem de parte da água das chuvas. Com a remoção da cobertura vegetal, inicia-se um processo chamado de erosão, que, além de causar deslizamentos, faz com que o solo não seja mais útil à agricultura. Inicia-se, assim, um processo de desertificação.

A erosão não é o único problema que pode afetar os solos. Rejeitos industriais, lixo e agrotóxicos vêm poluindo continuamente o solo e diminuindo a qualidade de vida no planeta.

É importante observar que há uma interdependência entre a preservação dos solos e a manutenção de sua cobertura vegetal, que, por sua vez, depende da preservação dos animais que polinizam as flores e dispersam as sementes.

Recentes estudos da ONU mostram que os maiores problemas ambientais na América Latina no século XXI serão a concentração demográfica nas cidades e a destruição das florestas, em especial a amazônica. De modo geral, as maiores preocupações mundiais serão a escassez de água e a expansão da desertificação decorrente da erosão dos solos.

Um estudo mais amplo, realizado pelo Instituto de Recursos Mundiais, observou degradação em diversos ecossistemas terrestres e aquáticos, destacando que cerca de 70% das terras agrícolas foram degradadas, devido principalmente à erosão, à poluição e ao empobrecimento dos solos.

6. Reciclagem, manejo sustentável e ações preservacionistas

O alto grau de poluição que atinge o meio ambiente na atualidade fez com que os governos de todas as partes do planeta se unissem em busca de soluções que minimizassem o problema.

Uma das primeiras reuniões para discutir os diversos problemas referentes ao uso adequado do solo e das reservas energéticas do planeta ocorreu no Rio de Janeiro em 1992, ficando conhecida como ECO-92. Ali surgiu o conceito de *desenvolvimento sustentável*, segundo o qual as atividades para o desenvolvimento da humanidade devem ser realizadas de modo a preservar as qualidades essenciais dos recursos naturais.

Assim, os solos e elementos da biosfera devem ser usados de modo a produzir o maior benefício sustentado para a população atual, mantendo suas potencialidades para satisfazer as necessidades e as aspirações das gerações futuras.

Seguem-se alguns conceitos importantes para o desenvolvimento sustentável:

— *sistema agrícola sustentável*: é a garantia de manutenção das necessidades da população atual sem comprometer o ambiente e os recursos naturais, conservando a potencialidade produtiva dos elementos agrícolas essenciais à subsistência humana.

— *agricultura conservacionista*: sistema agrícola adaptado às condições dos diferentes tipos de solo, clima e culturas.

— *planejamento conservacionista*: estabelecimento de processos de controle da erosão e das práticas agrícolas, prevendo a utilização e o manejo adequado dos solos e buscando melhorar a produtividade agrícola com base nas interações climáticas, características do solo e aspectos socioeconômicos.

Lixo e reciclagem

Nas últimas três décadas, a produção de lixo vem assumindo proporções que tornam o assunto uma das principais preocupações do homem moderno. Dados recentes levantados pelo jornalista e pesquisador Washington Novaes mostram que, enquanto a população mundial cresceu 18% entre 1970 e 1990, a produção de lixo aumentou 25%, apontando um quadro de sérios problemas ambientais e sanitários.

No passado, o lixo era constituído exclusivamente de matéria orgânica biodegradável; as concentrações humanas eram pequenas e era fácil dar fim ao lixo gerado. Geralmente ele era enterrado, resolvendo dois problemas de uma vez: o controle dos transmissores de doenças e a fertilização do solo. Atualmente, o lixo orgânico produzido nas casas, restaurantes, nas podas de jardins e de árvores pode ser processado pelos métodos de compostagem, mas o crescimento populacional e a industrialização contribuem diretamente para o aumento incessante do lixo no mundo, além de alterarem sua composição. Isso pode ser verificado pelo aumento significativo de embalagens de todo tipo (papel, papelão e plásticos) observado nas últimas décadas.

Mas, afinal, o que se pode fazer com tanto lixo? Nos grandes centros urbanos do planeta repete-se o mesmo drama: os lixões e aterros sanitários, locais para onde a maior parte do lixo é destinada, estão se esgotando. Não existem áreas para novos aterros e lixões, pois ninguém os aceita por perto.

No Brasil, a situação é extremamente grave. Cerca de 20% do lixo não é coletado e degrada os arredores das cidades, assoreando rios e córregos. Do que é coletado, mais de 50% vai para lixões a céu aberto, menos de 25% vai para aterros adequados e menos de 1% vai para a reciclagem.

Reciclagem de lixo nos Estados Unidos.

Outra opção disponível para a redução do enorme volume de lixo coletado nas cidades é a queima em incineradores. A incineração é um processo que deve ser realizado de maneira controlada para evitar um aumento na poluição do ar, sendo que a montagem e manutenção de instalações adequadas implicam em gastos elevados.

Não há como negar que o lixo está entre os mais sérios problemas mundiais. A solução para o problema passa necessariamente pelo cidadão comum, por meio da implantação de políticas de educação ambiental. Programas como a coleta seletiva de lixo, que facilitam a cadeia de reciclagem, têm mostrado bons resultados nos locais nos quais foram implantados.

Lixões

Lixão do Aurá, em Belém do Pará, extinto em 2014.

Os lixões são locais nos quais o lixo é depositado sem qualquer infraestrutura. O lixo é simplesmente despejado e não há preocupação com a acomodação ou com o chorume gerado. Esse tipo de prática, altamente danoso ao meio ambiente, é responsável pela poluição de lençóis freáticos e pela proliferação de transmissores (moscas, ratos e baratas) de diversas doenças infectocontagiosas.

Lixo e reciclagem

A coleta seletiva de lixo facilita muita a reciclagem, pois evita sua contaminação. Mas como esse processo é estabelecido? Tudo começa com a separação dos materiais recicláveis na fonte geradora, ou seja, nos próprios domicílios, estabelecimentos comercias e industriais. Após a separação, os materiais são coletados e levados para um centro de triagem. Cada morador do edifício residencial, por exemplo, pode ser orientado quanto à importância da separação do lixo. A separação na origem pode ser feita de diferentes maneiras e depende de fatores como tipo de material descartado em maior quantidade e a existência de um mercado consumidor para cada material a ser separado.

O que é lixo

Podemos definir lixo como restos de atividades humanas, considerados pelos geradores como inúteis, indesejáveis ou descartáveis.

Existem várias formas de classificar o lixo. Em geral os resíduos são definidos segundo sua origem e classificados, de acordo com o seu risco para o homem e para o meio ambiente, em *resíduos urbanos* e *resíduos especiais*.

Os *resíduos urbanos*, também conhecidos como lixo *doméstico*, são gerados nas residências, no comércio ou em outras atividades desenvolvidas nas cidades. Incluem os resíduos dos espaços públicos, como ruas e praças. Incluídos nesse tipo de lixo temos: papel, papelão, vidro, latas, plásticos, trapos, folhas, galhos e terra, restos de alimentos, madeira e todos os outros detritos obtidos pela coleta nas casas.

Os *resíduos especiais* são gerados em indústrias ou em serviços de saúde, como hospitais, ambulatórios, farmácias e clínicas que, pelo perigo que representam à saúde pública e ao meio ambiente, exigem maiores cuidados no seu acondicionamento, transporte, tratamento e destino final. Também se incluem nessa categoria os materiais radioativos, alimentos ou medicamentos vencidos ou deteriorados, restos de materiais cirúrgicos, resíduos de matadouros, inflamáveis, corrosivos, reativos, tóxicos e restos de embalagens de inseticidas e herbicidas empregados na área rural.

De acordo com a Associação Brasileira de Normas Técnicas (ABNT), os resíduos especiais são classificados em:

Classe I – perigosos: podem causar danos ao meio ambiente ou à saúde pública e exigem tratamento e disposição especiais.

Classe II – não inertes: são basicamente os resíduos com as características do lixo doméstico.

Classe III – inertes: são os resíduos que não sofrem decomposição quando dispostos no solo, como restos de construção, entulhos de demolição, pedras e areia retiradas de escavações.

Os resíduos compreendidos nas Classes II e III podem ser incinerados ou descartados em aterros sanitários, desde que preparados para tal fim e que estejam submetidos aos controles e monitoramento ambientais. Os resíduos da Classe I podem ser dispostos somente em aterros construídos especialmente para eles, ou devem ser queimados em incineradores especiais. Nessa classe se inserem os resíduos da área rural, como as embalagens de pesticidas ou de herbicidas, além dos resíduos gerados em indústrias químicas, farmacêuticas e hospitais.

Aterros sanitários

Um aterro sanitário é uma instalação utilizada para a deposição controlada de resíduos acima ou abaixo da superfície natural. Nele, os resíduos são lançados ordenadamente e cobertos com terra ou material similar, havendo um controle sistemático dos gases produzidos, bem como a monitoração do impacto ambiental durante a operação e após o seu encerramento. É a maneira mais adequada de se livrar do lixo produzido nas cidades.

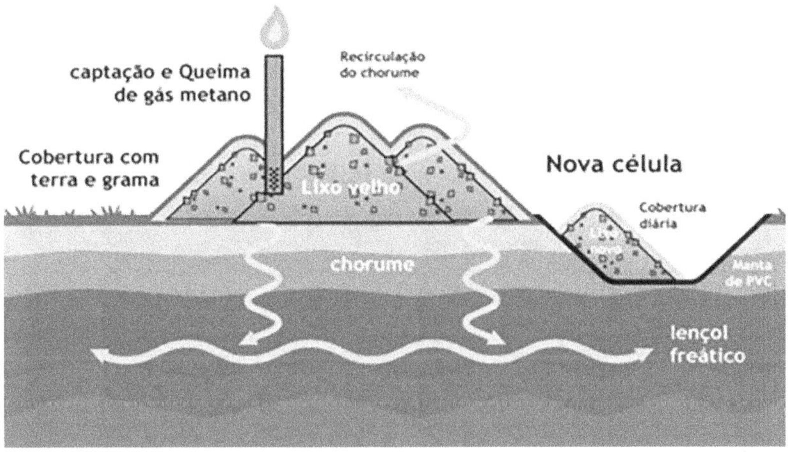

Em um aterro devidamente construído, há uma primeira camada que constitui uma barreira geológica, com mais ou menos um metro de espessura. Essa barreira pode ser natural do local no qual vai ser implantado o aterro ou ser transportada, para que garanta certo grau de impermeabilização. Uma segunda camada é constituída por um forro de impermeabilização de geotêxtil e geomembrana (frequentemente polietileno de alta densidade, um polímero resistente). Essas duas camadas garantem quase plenamente a *impermeabilização*, evitando a contaminação dos solos e dos lençóis freáticos. Por fim, há uma camada de drenagem do líquido percolado (chorume).

Após o esgotamento do aterro, faz-se a selagem, utilizando argila ou um forro artificial impermeável. Sobre essa camada impermeável adiciona-se uma cobertura de solo que permite o reflorestamento da área afetada. Essas futuras áreas verdes podem servir para campos de jogos, jardins públicos, entre outros, uma vez que essa área fica interditada à construção. Esse processo de selagem também pode ser usado em lixões desativados.

Chorume

Chorume é o líquido formado pelo lixo e pelas águas das chuvas que se infiltram no aterro. O chorume é um potencial poluidor de lençóis freáticos e requer um tratamento bastante dispendioso. Aterros sanitários dispõem de *escoadouros* que permitem a captação do chorume, que é armazenado em lagoas especiais para receber tratamentos como estabilização, aeração, entre outros.

Estação de Tratamento de Esgotos de Jundiaí trata o chorume de aterros sanitários.

Incineração de lixo

A eliminação de resíduos pelo uso do fogo é uma prática bastante antiga. Mesmo hoje, a queima do lixo a céu aberto ainda é praticada nas áreas rurais (queimadas) e em algumas cidades pequenas. A queima de lixo a céu aberto acaba contribuindo para o aumento da poluição do ar.

A incineração controlada é uma parte importante do sistema de limpeza urbana na maioria dos países, e consiste na queima de materiais em temperaturas elevadas (acima de 900ºC). Utilizando uma quantidade apropriada de oxigênio consegue-se uma boa combustão do lixo. Os compostos orgânicos presentes em papéis, madeira e materiais plásticos são transformados em dióxido de carbono, vapor de água e cinzas. Deve-se evitar que o lixo a ser incinerado contenha resíduos úmidos ou molhados (como casca de legumes e frutas), pois a presença desses resíduos provoca uma diminuição na temperatura do forno e perda de eficiência da queima.

O processo reduz o volume do material em mais de 70%, diminuindo a necessidade de espaço para aterros. A incineração é recomendada na eliminação de lixos perigosos, como resíduos hospitalares e tóxicos, por exemplo. Em geral, a queima do lixo é realizada em usinas de incineração. Algumas usinas desse tipo são capazes de gerar eletricidade; outras são utilizadas no aquecimento de água em países que apresentam invernos rigorosos.

Dentre as desvantagens da incineração do lixo, estão: (1) custo elevado; (2) exigência de mão de obra qualificada; e (3) variabilidade da composição dos resíduos e manutenção mais intensa.

Compostagem de lixo orgânico

A compostagem é um método controlado pelo qual a matéria orgânica é transformada em adubo pela ação aeróbica de micro-organismos específicos. O material obtido é um tipo de húmus. Embora seja um processo controlado, a compostagem pode ser afetada por diversos fatores, como temperatura e umidade.

Por estar em uma região tropical, o Brasil é um cenário adequado para a compostagem do lixo. O país perde dinheiro quando não faz a compostagem do material orgânico, que representa quase 65% do lixo produzido e poderia ser utilizado na fabricação de fertilizantes, em vez de ser destinado a aterros sanitários ou à incineração.

Reciclagem

Reciclar é aproveitar o material de que foi feito um objeto já utilizado. Dessa maneira, esse material volta a ser matéria-prima. Além de diminuir a quantidade de lixo enviada para aterros e lixões, a reciclagem envolve aspectos econômicos importantes. No mundo todo, ela é fonte de renda para milhões de pessoas que estão fora do mercado de emprego formal. A reciclagem também proporciona menores gastos com energia e ajuda a preservar os recursos naturais.

Segundo o pesquisador Sabetai Calderoni, autor do livro Os bilhões perdidos no lixo, o Brasil perde por volta de R$5 bilhões por ano ao não reciclar o lixo que produz. O cálculo, referente ao ano de 1996, diz respeito aos gastos que poderiam ser evitados com energia elétrica, água, matéria-prima e atendimento à legislação ambiental, ao se fabricar papel, vidro, plástico e latas de alumínio e de aço.

Esses dados mostram claramente que reciclar pode ser uma atividade altamente lucrativa para o país. No entanto, o mais importante é que o ato de reciclar contribui para a melhora da qualidade de vida no planeta.

Lixo reciclável

No mundo inteiro, os serviços públicos e particulares de coleta de lixo utilizam o mesmo código de cores na identificação dos materiais que compõem o lixo seco. De acordo com esse código, o lixo pode ser classificado em:

— *Verde*: vidros (garrafas, potes, copos, recipientes em geral).

O que pode ser reciclado: garrafas de refrigerantes e cerveja não retornáveis; garrafas de sucos e água; frascos de molhos e condimentos; garrafas de vinho e bebidas alcoólicas; potes de produtos alimentícios; frascos de remédios, perfumes e produtos de limpeza; cacos de qualquer das embalagens acima.

O que não pode ser reciclado: espelhos, vidro temperado (janelas, box de banheiro, vidros de automóveis, formas e travessas), produtos de cerâmica e porcelana, potes de barro, cristal, lâmpadas, tubos de televisão e válvulas, ampolas de remédios.

— *Amarelo*: metais em geral (alumínio, cobre, ferro) provenientes de latas de alimentos e bebidas, fios e sucata. Basicamente todos os metais podem ser reciclados, fios de cobre, aço, latas, enfim, todo o tipo de sucata. Os metais podem ser fundidos e moldados novamente na forma desejada. Dentre os metais recicláveis, destaca-se o alumínio, presente em panelas e latas de bebidas.

— *Vermelho*: plásticos provenientes de embalagens, incluindo garrafas e sacolas.

O que pode ser reciclado: potes de todos os tipos, sacos de supermercado, de alimento, embalagens de produtos de higiene e limpeza, vasilhas, recipientes e artigos domésticos, tubulações, brinquedos, garrafas PET.

O que não pode ser reciclado: cabos de panela, botões de rádio, canetas, bijuteria, espuma, embalagens moldadas a vácuo, fraldas descartáveis.

— *Azul*: papel e papelão (jornais, revistas, caixas, cartolinas).

O que pode ser reciclado: jornais, revistas, cadernos usados, cartões, envelopes, papel de computador, papelão.

O que não pode ser reciclado: papéis sujos, papéis plastificados ou metalizados, etiquetas adesivas, papel carbono, papel de bala.

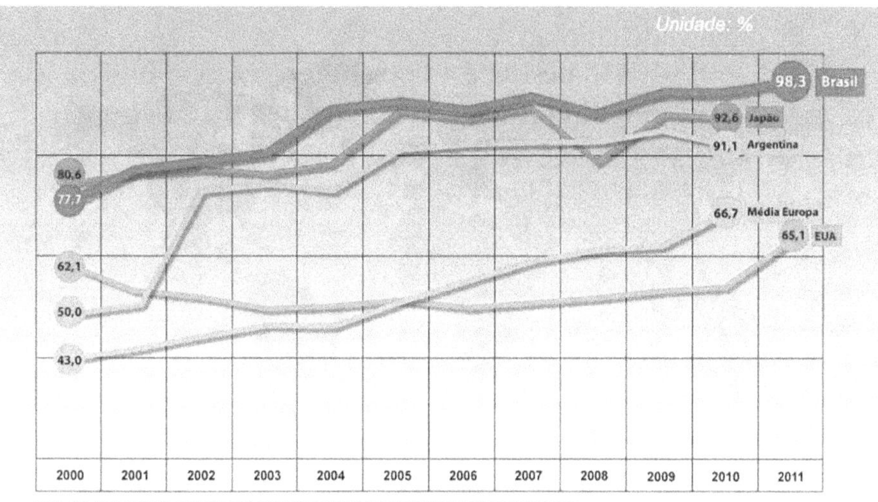

Fontes: ABAL, Associação Brasileira dos Fabricantes de Latas de Alta Reciclabilidade; The Japan Aluminum Can Recycling Association; Câmara Argentina de la Industria del Aluminio y Metales Afines; The Aluminum Association; EAA - European Aluminium Association.

Como contribuir para diminuir o lixo

Hábitos diários que ajudam a diminuir o problema do lixo:

— Prefira as garrafas de vidro às dc plástico, pois o plástico é mais difícil de reciclar.

— Evite aceitar sacolas em estabelecimentos comerciais. Utilize sua própria bolsa.

— Prefira os produtos reutilizáveis ou feitos de material reciclado. Evite os descartáveis.

— Não jogue lixo na rua. Na praia ou no campo, leve sempre um saco para recolher o lixo e depois jogá-lo no cesto.

— Não jogue roupas, brinquedos, utensílios ou sapatos no lixo; muitas vezes eles podem ser doados e ou restaurados.

— Separe vidros, jornais, revistas, latas, papéis e doe aos catadores de lixo se não houver coleta seletiva no seu bairro.

— Evite o desperdício de alimentos, colocando em seu prato apenas o que vai realmente comer.

— Mantenha as lixeiras fechadas, fora do alcance de animais.

— Não descarte o lixo em terrenos baldios.

— Retire o excesso de líquido e material orgânico das embalagens antes de jogá-las fora. Isso facilita a sua decomposição.

7. Destruição do meio ambiente

Nos capítulos anteriores mostramos toda a problemática envolvida desde a criação do universo e do nosso planeta Terra. Na sequência, foi mostrada a diversidade da vida na Terra e algumas considerações gerais sobre o meio ambiente com os seus biomas. Mostramos a poluição do meio ambiente, o aquecimento global e o efeito estufa, com suas consequências. Agora, vamos mostrar os principais desastres que nos atingiram, alguns provocados por fenômenos naturais e outros pela ação do homem, que agride o nosso meio ambiente de várias formas. Essa sequência vai permitir ao leitor entender que a humanidade deve agir urgentemente para salvar a vida no nosso planeta. Como iremos comprovar, a destruição do meio ambiente já está em curso.

Vários crimes contra a natureza são dolorosamente memoráveis. O primeiro a chamar atenção mundial foi a destruição atômica em Hiroshima e Nagasaki, no Japão, que matou pelo menos 150 mil japoneses e deixou o ambiente local radioativo por décadas. Outra tragédia nuclear, a explosão de um reator na usina de Chernobyl, na Ucrânia, em 1986, tirou a vida de 10 mil pessoas e afetou milhares de quilômetros de florestas. Outras tristes lembranças são os derramamentos de óleo no mar do Alasca, em 1989, e na costa espanhola, em 2002. O vazamento de gases tóxicos em Bhopal, na Índia, em 1984, foi considerado o pior acidente químico da história. Assim, em nosso mosaico de desastres ecológicos entram fatos causados pelo homem que provocaram grande dano à natureza, em curto espaço de tempo.

"São catástrofes sérias por causa das perdas de vidas, mas são desastres pontuais. As verdadeiras tragédias ambientais ocorrem durante décadas e destroem ecossistemas locais", afirma a naturalista Dejanira de Franceschi de Angelis, professora da Universidade Estadual Paulista (UNESP) de Rio Claro (SP). Exemplos disso são o avanço do buraco na camada de ozônio e o efeito estufa, que podem comprometer a vida no planeta, ou ainda o desmatamento das florestas brasileiras. Nos 503 anos de colonização, a Mata Atlântica perdeu 93% de sua cobertura original. Em um tempo bem menor — cerca de 30 anos — sumiram 20% da área da Amazônia e 80% do cerrado. "Esse último ecossistema deve levar milhões de anos para se recompor", diz o biólogo José Maria Cardoso da Silva, da ONG Conservation International.

Isso, sem contar o lado invisível do drama da devastação: com as árvores e os animais mortos, desaparece também a vida microscópica. "Sem os micro-organismos, a vida na Terra está seriamente comprometida", diz Dejanira.

Catástrofes internacionais

O ser humano é capaz de coisas magníficas, tanto para o bem quanto para o mal. Vamos focar aqui nas coisas extraordinariamente ruins que aconteceram por causa humana e destruíram o meio ambiente de forma avassaladora, acidentes ou tragédias planejadas que custaram muitas vidas de diversas espécies (incluindo os próprios humanos), e cobram seu preço até hoje. Nos desastres abaixo, produtos nucleares e derivados do petróleo foram os grandes vilões.

Petróleo e derivados e outros produtos químicos

Vergonha oriental: poluição química em Minamata (1956)

Em 1956, pescadores dessa baía japonesa começaram a ter uma doença batizada de mal de Minamata, que causava paralisias e podia matar. Logo ficou claro que os casos surgiram porque uma indústria de fertilizantes, a Chisso Corporation, lançou durante quatro décadas 27 toneladas de mercúrio no oceano, contaminando peixes e frutos do mar. Mais de 3 mil pessoas adoeceram e centenas morreram. A região só foi declarada livre de mercúrio em 1997, quando as redes que impediam os peixes contaminados de nadar para outras águas foram retiradas.

Contaminação em Love Canal (1978)

Situado próximo às Cataratas do Niágara, o local foi projetado para diversão, natação e canoagem no início do século XX. Nos anos 1920, foi vendido à Hooker Chemical Co. para servir de depósito de resíduos. No período entre 1942 e 1953, foram depositados ali mais de 21 mil toneladas de produtos químicos, como DDT, solventes, PCB, dioxinas e metais pesados. Quando a capacidade do aterro se esgotou, a empresa cobriu tudo com terra. Como a ocupação populacional estava a pleno vapor, o conselho escolar precisava construir um novo colégio, e por isso foi até a Hooker e comprou o terreno, mesmo sabendo que havia resíduos tóxicos enterrados. A empresa realizou a venda por um dólar e deixou uma cláusula no contrato afirmando que em caso de problemas com contaminação não seria processada.

A escola foi construída, e no final da década de 1960 já existiam em Love Canal 800 moradias, 240 apartamentos e 3 escolas. Mesmo com as reclamações dos moradores sobre o lixo que aparecia nos jardins e do forte cheiro, as autoridades nada faziam, até que diversos problemas de saúde surgiram entre os que lá moravam. Doenças como leucemia, problemas respiratórios, nos rins, abortos espontâneos, deficiências em recém-nascidos, entre outros, eram comuns.

Exames na água identificaram 82 compostos, dos quais 11 potencialmente carcinogênicos. Em 1978, a zona foi declarada como área de emergência médica e seus moradores realojados. A escola foi fechada. Mesmo com a cláusula do contrato, a Hooker teve que pagar 98 mil dólares ao Estado de Nova Iorque e 129 mil ao governo federal, além de uma indenização de 20 mil dólares aos residentes.

Made in Brasil: poluição em Cubatão produziu bebês sem cérebro e chocou a opinião pública do planeta (1980)

Em 1980, o jornal americano *The New York Times* batizou o polo petroquímico paulista de Cubatão como "Vale da Morte". Na época, as indústrias cuspiam mil toneladas de gases tóxicos por dia, alimentando uma névoa venenosa que afetava o sistema respiratório e gerava bebês com deformidades físicas. A sujeira também contaminou a água e o solo da região, trazendo chuvas ácidas e deslizamentos na serra do mar. Com o controle da poluição industrial, a situação melhorou, mas o lugar está longe de ser um paraíso. O Greenpeace afirmou que havia riscos de contaminação no depósito de organoclorados (substâncias tóxicas que podem causar câncer) da Rhodia e pediu a retirada do material. A empresa, por sua vez, declarou que eliminou os contaminantes em dez áreas clandestinas da década 1970 e que o depósito passou a possuir sistemas de segurança, além de passar por inspeções da CETESB, órgão de controle ambiental do governo paulista.

Omissão fatal: vazamento em Bhopal (1984)

Na madrugada de 3 de dezembro de 1984, 45 toneladas de gases tóxicos vazaram de um tanque da fábrica de agrotóxicos da Union Carbide, em Bhopal, na Índia. 2500 pessoas morreram pelo contato com as substâncias letais. Outras 150 mil sofreram com queimaduras nos olhos e pulmões e ainda sofrem com os efeitos da contaminação. Aproximadamente 50 mil pessoas ficaram incapacitadas para o trabalho, devido a problemas de saúde. É o maior desastre industrial já ocorrido.

Os protestos pela limpeza da área são constantes. Um estudo realizado cinco anos após a tragédia mostrava que tanto o solo quanto a água eram tóxicos. Até hoje, o solo e a água têm altos níveis de metais pesados e derivados de cloro cancerígenos, e a água consumida pelos moradores locais é fornecida por um sistema especial de abastecimento.

Depois do acidente, a empresa negou qualquer tipo de vazamento e simplesmente abandonou o local, deixando os médicos sem ideia de como tratar seus pacientes. A UC foi comprada pela Dow Química, que também se recusou a informar exatamente que componentes químicos vazaram.

Gelada ecológica: derrame do Exxon Valdez (1989)

Em março de 1989, o petroleiro Exxon Valdez colidiu com rochas submersas na costa do Alasca e deu início ao mais danoso derramamento de óleo crude (forma não processada do petróleo) por um navio no mar, ao bater em um arrecife no Golfo do Alasca.

O saldo do despejo de 40 milhões de litros de óleo incluiu 100 mil aves mortas e 2 mil quilômetros de praias contaminadas. Milhares de animais morreram nos meses que se seguiram. Estima-se que 250 mil pássaros marinhos, 2800 lontras marinhas, 250 águias, 22 orcas e bilhões de ovos de salmão foram vítimas desse desastre.

O problema agravou-se porque, no frio, o óleo demora a tornar-se solúvel e ser consumido por micro-organismos marítimos — a biodegradação ocorre com eficácia apenas a partir dos 15°C. Apesar da limpeza, que mobilizou 10 mil pessoas, cerca de 2% do petróleo continuam poluindo a costa da região.

Crime de guerra: queima de petróleo no Golfo Pérsico (1991)

Obrigado a deixar o Kuwait, nação que havia invadido, o ditador iraquiano Saddam Hussein ordenou a destruição de cerca de 700 poços de petróleo no país. Mais de um milhão de litros de óleo foram lançados no Golfo Pérsico ou queimados. Como a fumaça dos poços bloqueou a luz do Sol e jogou um mar de fuligem no ar, ao menos mil pessoas morreram de problemas respiratórios. A mancha viscosa de 1500 km² emporcalhou 600 quilômetros da costa e matou 25 mil aves. Pássaros migratórios e tartarugas marinhas estavam entre os mais afetados. A vida selvagem local foi gravemente afetada, e animais morreram aos milhares. Como o petróleo infiltrou-se no solo, as sementes não germinam, 40% da água subterrânea foi contaminada e a terra quase não absorve água.

Estudos recentes mostram que a área ainda não se recuperou do dano causado.

Presente de grego: derrame do Prestige (2002)

Em novembro de 2002, o petroleiro grego Prestige naufragou na costa da Espanha, despejando 11 milhões de litros de óleo no litoral da Galícia. A sujeira afetou 700 praias e matou mais de 20 mil aves. Em comparação com o Exxon Valdez, a quantidade de óleo derramado foi menor, e a biodegradação do produto foi facilitada pelas temperaturas mais altas. Nos meses seguintes ao desastre, o submarino-robô Nautile soldou o navio afundado a 3600 metros de profundidade. Mas como a vigilância diminuiu, os ambientalistas alertam que vazamentos pequenos ainda podem acontecer.

Vazamento de óleo no Golfo do México (2010)

A plataforma *Deepwater Horizon* explodiu no Golfo do México no dia 20 de abril de 2010. Depois de passar dois dias em chamas, a torre de prospecção afundou e apenas em 17 de julho de 2010 a BP anunciou ter conseguido estancar temporariamente o derrame de petróleo. Estima-se que nesse período foram jogados no oceano entre 1.900.000 e 3.000.000 litros de petróleo por dia.

Apesar do grande número de barreiras criadas para evitar a chegada do óleo à costa, podia-se ver animais cobertos de petróleo e peixes mortos. Mais de 34 mil pássaros foram afetados pelo desastre, além de tartarugas marinhas e golfinhos.

Estudiosos acreditam que a toxicidade do petróleo e a baixa concentração de oxigênio na água causados pelo vazamento contribuíram para causar um desastre ambiental ainda maior.

Nuclear

Pesadelo atômico: bombas de Hiroshima e Nagasaki (1945)

Tidas como um marco do horror nuclear, as duas explosões de agosto de 1945 mataram entre 150 mil e 220 mil japoneses — as estimativas não são precisas porque os documentos militares da época foram destruídos. Até um quilômetro do centro da explosão, quase todos os animais e plantas morreram com as ondas de choque e calor. Em 58 anos, a radiação aumentou em 51% a ocorrência de leucemia. Hoje, as duas cidades já possuem índices de radiação aceitáveis.

O preço do descaso: explosão de Chernobyl (1986)

"Camaradas, pela primeira vez, enfrentaremos a energia nuclear fora de controle", disse o presidente da União Soviética, Mikhail Gorbachev, ao anunciar, em abril de 1986, o pior acidente nuclear da história: a explosão de um dos quatro reatores de Chernobyl, na Ucrânia (ex-república soviética). Foi liberada uma radiação 90 vezes maior que a das bombas de Hiroshima e Nagasaki. Além das 32 pessoas que morreram na hora, outras 10 mil perderam a vida nos anos seguintes. A nuvem nuclear que atingiu a Europa contaminou milhares de quilômetros de florestas e causou doenças em mais de 40 mil pessoas.

Um continente de lixo no Oceano Pacífico

É inegável que o estilo de vida que adotamos cria uma grande quantidade de lixo. Isso pode ser visto atualmente no Oceano Pacífico, no qual correntes marítimas criaram um verdadeiro continente de lixo do tamanho do estado norte-americano do Texas (696241 km²). Grande parte dos detritos levados pela chuva e pelos rios vai parar nos oceanos, e esta corrente aprisiona o que vem do oeste americano e do leste asiático.

O plástico compõe 80% dos detritos encontrados, e, por ser fotodegradável, se deteriora ao boiar exposto ao Sol. Isso está criando uma espécie de areia de plástico que já está aparecendo nas ilhas do Pacífico. O impacto na vida selvagem é enorme, pois peixes e aves confundem o lixo com comida e a mortalidade é grande. Mesmo quando esses peixes não morrem, a quebra do plástico libera químicos tóxicos que ficam em seu organismo e depois serão consumidos. A única maneira de acabar com esse tipo de fenômeno seria mudar nosso estilo de vida, algo que cada um precisa fazer por si, além de cobrar medidas governamentais.

Alguns projetos tentam limpar a área. O Ocean Conservancy, em uma expedição feita por voluntários para limpar a área em setembro de 2008, retirou 6,8 milhões de toneladas de lixo. Uma reportagem do canal ABC mostrou como estava a situação na área.

O Mar de Aral

O Mar de Aral, que já foi o quarto maior lago do mundo, com 68.000 km^2, atualmente está reduzido a menos de 10% de seu tamanho. Em 1918, o governo soviético desviou parte das águas dos rios que alimentavam o Mar de Aral para aumentar a produção de alimentos e algodão. Em 1940, criaram-se novos canais de irrigação, e a técnica rudimentar levava à perda de até 75% da água desviada em vazamentos e evaporação.

A pouca água que sobrou se tornou altamente poluída por causa de testes com armamentos e projetos industriais, além do uso massivo de pesticidas. O processo de desertificação local está criando diversos problemas para as populações locais. As plantações estão sendo destruídas pelo sal depositado sobre a terra, e o vento tem soprado o sal e partículas do solo poluído para outras áreas, causando danos à saúde pública e alterações climáticas.

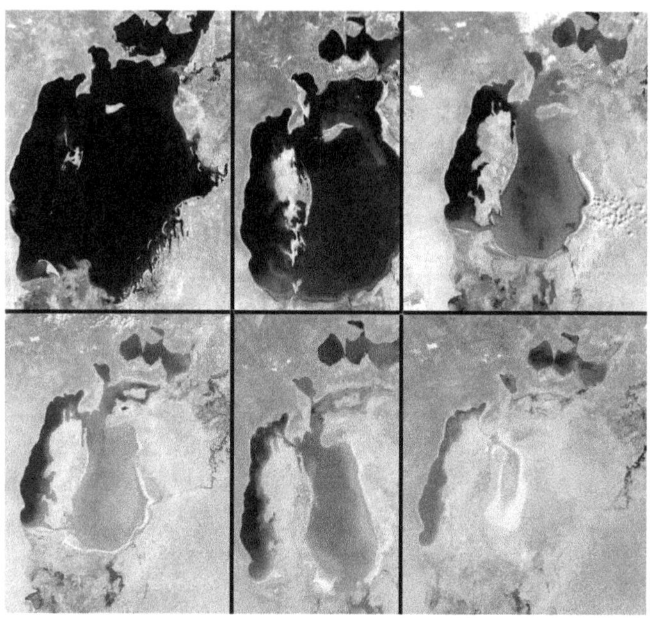

As fotos ilustram a diminuição do Mar de Aral. Da esquerda para a direita: linha superior 1973, 1989, 1999, linha inferior 2001, 2003, 2009 (Fonte: US Geological Survey e NASA).

Os dez maiores desastres naturais da Terra

Ao longo da história, o homem tem tentado entender a natureza e controlar seus fenômenos. Com o pensamento científico, a humanidade conseguiu importantes progressos, mas as forças naturais continuam muitas vezes imprevisíveis e quase sempre bem mais poderosas do que qualquer tecnologia desenvolvida pelo homem.

Explosão vulcânica do Taupo

Atualmente, é apenas um lago pacato, cheio de atrativos turísticos para quem vai pescar ou se deslumbrar com a paisagem. Mas há cerca de 1.800 anos, foi o palco da *maior erupção vulcânica do planeta nos últimos cinco milênios.*

Situadas numa região vulcânica no norte da Nova Zelândia, as águas do Lago Taúpo cobrem atualmente uma série de antigas crateras. Segundo estimativas dos cientistas, a explosão vulcânica do Taupo, em 180 d.C., produziu cem quilômetros cúbicos de material entre lava e cinzas, atingindo o índice 7 na escala VEI (que vai de 0 a 8), o que lhe rendeu a classificação de erupção supercolossal.

Erupção do Tambora

Em 1815, cerca de 90 mil pessoas morreram por causa da erupção do vulcão Tambora, na Indonésia. Atualmente adormecido, o monte Tambora tem 2.815 metros de altura e perdeu boa parte do seu topo com a violência da erupção.

Antes dela, o tamanho do vulcão chegava a 4.300

metros. Cerca de dez mil pessoas morreram imediatamente por conta das lavas, deslizamentos e tsunamis. Mais de 80 mil pessoas morreram em função de doenças e da fome causadas pela destruição que a erupção provocou. Cerca de 35 mil pessoas perderam suas casas.

Terremoto em Dangham

Dangham fica no norte do Irã, onde está aquela que deve ser a mais antiga mesquita do país, construída no século 9. Dangham era a capital da província de Qumis no século 18, quando foi atacada e destruída pelos afegãos. Mais de um século depois, em 22 de dezembro de 1856, a região voltou a ser destruída, dessa vez por um intenso terremoto que matou cerca de 200 mil pessoas.

Terremoto no Haiti

O país mais pobre do hemisfério ocidental sofreu um terremoto de magnitude 7 no dia 12 de janeiro de 2010.

Como o epicentro do abalo sísmico foi próximo à capital e mais populosa cidade do país, o nível de destruição foi devastador. Estima-se que um milhão de pessoas acabaram desabrigadas, 300 mil ficaram feridas e 200 mil pessoas morreram.

Terremoto de Aleppo

No ano 1138, a região de Aleppo, na Síria, uma das principais rotas comerciais entre o mundo árabe e os países mediterrâneos, foi palco de uma das maiores catástrofes naturais da história. Um violento terremoto, em 9 de agosto, deixou como saldo cerca de 230 mil mortos

Terremoto em Tangshan

Na noite de 28 de julho de 1976, um terremoto de magnitude 8 quase varreu do mapa a cidade de Tangshan, localizada a cerca de 100 km de Pequim, na China. Com um importante parque industrial e muitas minas de carvão, a cidade informou oficialmente que 242 mil pessoas morreram com a catástrofe. No entanto, estima-se que essas mortes superaram 650 mil habitantes. Mais de 700 mil pessoas ficaram feridas e os danos materiais se estenderam até Pequim.

Tsunami no Oceano Índico

Em 2004, ondas de 30 metros de altura se formaram no Oceano Índico em função de um terremoto submarino ocorrido na costa da ilha indonésia de Sumatra.

Durante sete horas após o tremor, ondas gigantescas se formaram e atingiram a costa de países desde a costa leste da África até o sul e sudeste da Ásia. O tsunami, como é chamado esse fenômeno, provocou a morte de cerca de 430 mil pessoas.

Ciclone de Bhola

O ciclone, ou furacão, ou tufão, é uma enorme tempestade se forma como um redemoinho sobre as águas do oceano e traz com ela ventos e chuvas muito fortes. Chama-se furacão quando se forma sobre o Oceano Atlântico, tufão se nasce sobre o Pacífico e ciclone quando surge no Oceano Índico. Foi uma dessas tempestades que, em 12 de novembro de 1970, atingiu Bangladesh e a Índia, com ventos superiores a 200 km/h. Estima-se que pelo menos 300 mil pessoas tenham morrido por conta desse ciclone.

Terremoto de Shaanxi

Em 23 de janeiro de 1556, a província de Shaanxi (ou Shensi), na China, sofreu um terremoto devastador, o mais mortífero da História até agora. Cerca de 830 mil pessoas morreram nessa tragédia.

O abalo sísmico foi de magnitude 8 e causou a morte de 60% da população local. Shaanxi tem três regiões naturais distintas: uma área montanhosa ao sul, um planalto ao norte e ao centro o vale do Rio Wei. É justamente essa região do vale, onde se concentra a população, a mais sujeita a terremotos.

Enchentes dos rios Hwang Ho e Yang Tsé

Enchente do Yang Tsé em 1931.

Apesar do poder devastador dos terremotos, o mais mortífero dos desastres naturais ocorridos na história da civilização foram as enchentes que atingiram as margens dos rios chineses Yang Tsé, Hwang Ho e Huai. Em 1887, a quantidade de chuvas fez o Huang He transbordar ao longo de 130 quilômetros, causando a morte de cerca de 900 mil pessoas. Algumas décadas depois, em 1931, novas inundações ao longo do Hwang Ho, Yang Tsé e Huai causaram entre 2,5 milhões e 4 milhões de mortes.

QUARTA PARTE
PREVISÕES SOBRE O FUTURO DA VIDA NO NOSSO PLANETA

8. O IMPACTO DE AQUECIMENTO GLOBAL

Neste e nos próximos capítulos, analisaremos as mais recentes informações sobre o nosso planeta, com o objeto de nos conscientizarmos das ações, hábitos e procedimentos que deveremos adotar para, juntos, salvarmos a humanidade. Quando digo "nós", quero dizer os governos de todos os países, as entidades governamentais e privadas ligadas à preservação do meio ambiente, as empresas, as populações das diversas regiões do mundo e cada um de nós, individualmente. Pregando e adotando atitudes corretas, poderemos atingir o objetivo de preservar a vida de todos os seres que formam a nossa biodiversidade.

Segundo o recente relatório do Painel Intergovernamental sobre Mudanças Climáticas da ONU (IPCC, na sigla em inglês), publicado no jornal *O Estado de São Paulo* em março de 2014, o impacto do aquecimento global será "grave, abrangente e irreversível". O relatório também reforça visão de que o homem causa aquecimento, sendo esperado que até o final do século XXI ocorra um aumento de temperatura de até 1,5°C em relação ao período 1850-1900. Por outro lado, apesar do aumento nas emissões de gases do efeito estufa, as temperaturas têm aumentado mais lentamente nos últimos 15 anos, embora haja uma retomada da tendência de aquecimento que poderá causar ainda mais ondas de calor, secas, enchentes e elevação do nível do mar.

Autoridades e cientistas reunidos no Japão em outubro de 2014 afirmaram que esse documento é a avaliação mais completa já feita sobre o impacto das mudanças climáticas no planeta. Para os integrantes do IPCC, até agora os efeitos do aquecimento foram sentidos de forma mais acentuada na natureza, mas haverá um impacto cada vez maior sobre a humanidade. Mudanças climáticas vão afetar a saúde, as moradias, a alimentação e a segurança da população no planeta, segundo o relatório. O teor do documento, resultado do 3° encontro de especialistas no ano de 2014, realizado em Hayama, foi alvo de intensas negociações. O texto afirma ainda que a quantidade de provas científicas relativas ao impacto do aquecimento global dobrou desde o relatório anterior, lançado em 2007.

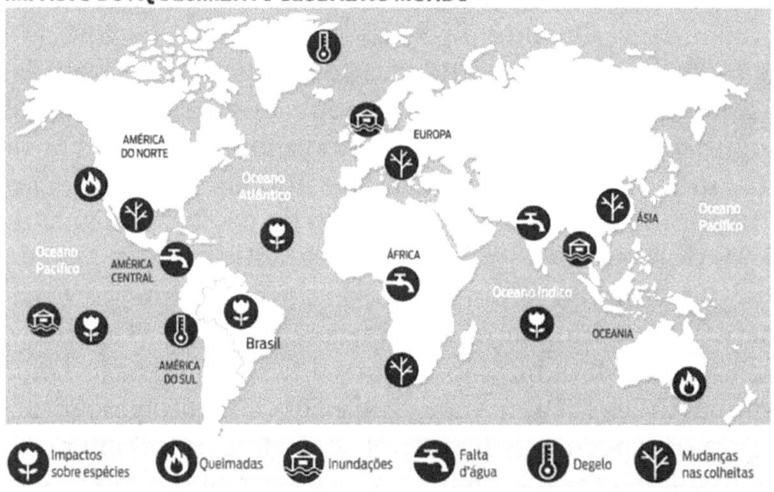

"Ninguém neste planeta ficará imune aos impactos das mudanças climáticas", disse o diretor do IPCC, Rajendra Pachauri, por ocasião da publicação do 5° relatório. O secretário-geral da Associação Mundial de Meteorologia, Michel Jarraud, disse que, se no passado as pessoas estavam destruindo o planeta por ignorância, agora essa "desculpa" já não existe mais.

O relatório foi baseado em mais de 12 mil estudos

publicados em revistas científicas. Jarraud disse que o texto é "a mais sólida evidência que se pode ter em qualquer disciplina científica".

Enchentes e calor

Nos próximos 20 a 30 anos, sistemas como o mar do Ártico estarão ameaçados pelo aumento da temperatura. O ecossistema dos corais também pode ser prejudicado pela acidificação dos oceanos. Na terra, animais, plantas e outras espécies vão começar a "se deslocar" para pontos mais altos, ou em direção aos polos.

Um ponto específico levantado pelo relatório do IPCC é a insegurança alimentar. Algumas previsões indicam perdas de mais de 25% nas colheitas de milho, arroz e trigo até 2050.

Enquanto isso, a demanda por alimentos vai continuar aumentando com o crescimento da população, que pode atingir nove bilhões de pessoas até 2050. "Na medida em que avançamos [as previsões] no futuro, os riscos só aumentam, e isso acontecerá com as pessoas, com as colhcitas c com a disponibilidade de água", declarou Neil Adger, da universidade britânica de Exeter, outro cientista que assina o relatório.

Enchentes e ondas de calor estarão entre os principais fatores causadores de mortes de pessoas. Trabalhadores que atuam ao ar livre — como operários da construção civil e fazendeiros — estarão entre os que mais sofrerão. Há também riscos de grandes movimentos migratórios relacionados ao clima, além de conflitos armados.

Quem paga?

As pessoas estarão particularmente vulneráveis em lugares como a África. Muitos que deixaram a pobreza nos últimos anos podem voltar a ter condições de vida miseráveis.

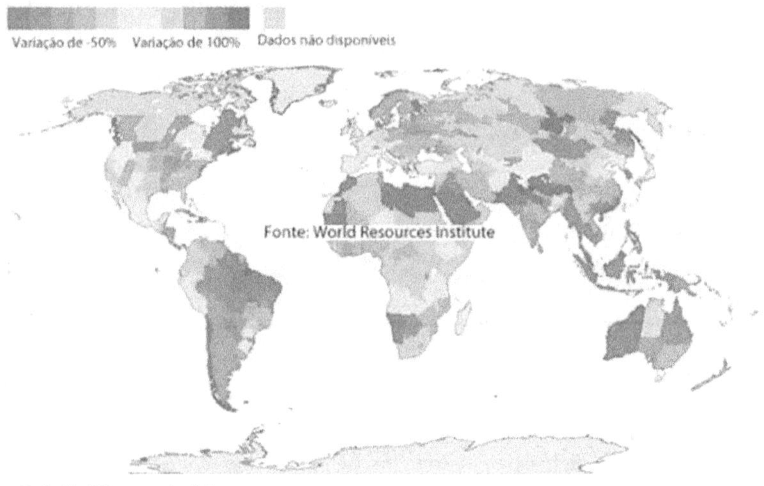

Fonte: World Resources Institute

Mas o professor Saleemul Huq, outro coautor do relatório, disse que os países ricos não estarão imunes: "Os ricos terão que se preparar para as mudanças climáticas. Estamos vendo isso agora na Grã-Bretanha, com as enchentes de poucos meses atrás, as tempestades nos Estados Unidos e a seca no Estado da Califórnia. Estes são eventos multibilionários, que precisam ser pagos pelos ricos, e existe um limite no que eles podem pagar".

Outro coautor, Chris Field, apontou para o fato de que existem alguns lados positivos do relatório. Segundo ele, o mundo tem condições de administrar os riscos previstos no documento: "Aquecimento global é algo muito importante, mas nós temos muitas ferramentas para lidar de forma eficiente com isso. Só é preciso fazê-lo de forma inteligente".

Mas um dos problemas que ainda não tem resposta é: quem pagará a conta?

"Não cabe ao IPCC definir isso", disse José Marengo, cientista brasileiro do Instituto Nacional de Pesquisas Espaciais (Inpe), que participou das negociações em Hayama. "O relatório fornece a base científica para dizer que aqui está a conta, alguém precisa pagar, e com essas bases científicas é relativamente mais fácil ir às negociações da UNFCCC [Convenção Quadro da ONU sobre Mudanças Climáticas] e começar a costurar acordos sobre quem pagará pela adaptação [do planeta]".

IPCC: Dez pontos para você entender as discussões sobre clima

O que é mudança climática?

O clima do planeta está mudando constantemente ao longo do tempo geológico. A temperatura média global hoje é de cerca de 15°C, mas as evidências geológicas sugerem que ela já foi muito mais alta ou muito mais baixa em outras épocas. Nos dias de hoje, no entanto, o aquecimento está ocorrendo de maneira mais rápida do que em muitas ocasiões no passado. Os cientistas estão preocupados com o fato de que a flutuação natural, ou variabilidade, está dando lugar a um aquecimento rápido induzido pela ação humana, com sérias consequências para a estabilidade do clima no planeta.

Qual é a evidência sobre o aquecimento?

Os registros de temperatura, a partir do fim do século 19, mostram que a temperatura média da superfície da Terra aumentou cerca de 0,8°C nos últimos cem anos. Cerca de 0,6°C desse aquecimento ocorreu nas últimas três décadas.

Dados de satélites mostram um aumento médio nos níveis do mar de cerca de três milímetros por ano nas últimas décadas. Uma grande proporção da mudança nos níveis do mar se deve à expansão dos oceanos pelo aquecimento, mas o derretimento das geleiras de montanhas e das camadas de gelo polar também contribuiu para isso.

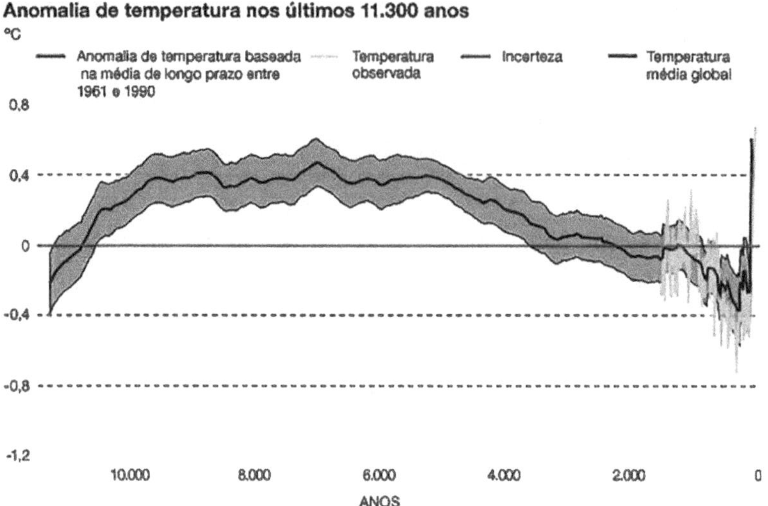

Fonte: Marcott/Clark/Mix - College of Earth, Ocean and Atmospheric Sciences, Oregon, USA, Shakun - Department of Earth and Planetary Sciences, Harvard University.

A maioria das geleiras nas regiões temperadas do mundo e na Península Antártica está encolhendo. Desde 1979, registros de satélites mostram um declínio dramático na extensão do gelo no Ártico, a uma taxa anual de 4% por década. Em 2012, a extensão de gelo alcançou o menor nível já registrado, cerca de 50% menor do que a média do período entre 1979 e 2000.

O manto de gelo da Groenlândia verificou um derretimento recorde nos últimos anos. Se a camada inteira, de 2,8 milhões de quilômetros cúbicos, derretesse, haveria um aumento de 6 metros nos níveis dos mares.

Dados de satélites mostram que a capa de gelo do oeste da Antártica também está perdendo massa, e um estudo recente indicou que o leste da Antártica, que não havia mostrado tendências claras de aquecimento ou resfriamento, também pode ter começado a perder massa nos últimos anos. Mas os cientistas não esperam mudanças dramáticas. Em alguns lugares, a massa de gelo pode aumentar, na verdade, com as temperaturas em alta provocando mais tempestades de neve.

Os efeitos de uma mudança climática também podem ser vistos na vegetação e nos animais terrestres. Isso inclui também o florescimento e frutificação precoces em plantas e mudanças nas áreas ocupadas pelos animais terrestres.

Há uma pausa no aquecimento?

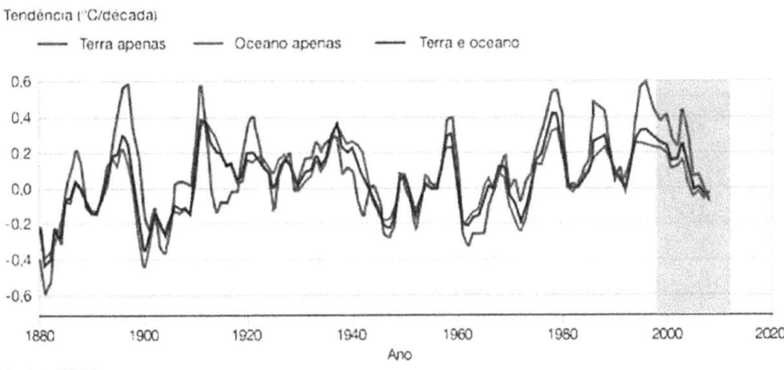

Alguns especialistas argumentam que entre 1998 e 2010 não houve um aquecimento global significativo, apesar do aumento contínuo nos níveis de emissão de CO_2. Os cientistas tentam explicar isso de várias formas.

Isso inclui: variações na emissão de energia pelo Sol, um declínio no vapor de água atmosférico e uma maior absorção de calor pelos oceanos, mas não há um consenso geral sobre o mecanismo preciso por trás dessas pausas.

Céticos destacam as pausas como um exemplo da falibilidade das previsões baseadas em modelos climáticos computadorizados. Por outro lado, os cientistas do clima observam que o hiato no aquecimento ocorre em apenas um dos componentes do sistema climático — a média global da temperatura da superfície —, e que outros indicadores, como o derretimento do gelo e as mudanças na fauna e na flora demonstram que a Terra continua a se aquecer.

Quanto as temperaturas vão aumentar no futuro?

Mesmo que as emissões de gases do efeito estufa caiam dramaticamente, os cientistas dizem que os efeitos continuarão, porque partes do sistema climático, particularmente os grandes corpos de água e gelo, podem levar centenas de anos para responder a mudanças na temperatura. Também leva décadas para que os gases do efeito estufa sejam removidos da atmosfera. E quais serão os impactos disso?

A escala do impacto potencial é incerta. As mudanças podem levar à escassez de água potável, trazer mudanças grandes nas condições para a produção de alimentos e aumentar o número de mortes por inundações, tempestades, ondas de calor e secas.

Os cientistas preveem mais chuvas em geral, mas dizem que o risco de seca em áreas não costeiras deverá aumentar durante os verões mais quentes. Mais inundações são esperadas por causa de tempestades e do aumento do nível do mar. Deverá haver, porém, muitas variações regionais nesse padrão.

Os países mais pobres, que estão menos capacitados para lidar com a mudança rápida, deverão sofrer mais. A extinção de plantas e animais está prevista, por conta de mudanças nos habitats mais rápidas do que sua capacidade de adaptação. A Organização Mundial da Saúde (OMS) advertiu que a saúde de milhões de pessoas pode ser ameaçada por aumentos nos casos de malária, doenças transmitidas pela água e má nutrição.

O aumento na absorção de CO_2 pelos oceanos pode levá-los a se tornarem mais ácidos. Esse processo de acidificação em andamento poderia provocar grandes problemas para os recifes de corais, já que as mudanças químicas impedem os corais de formar um esqueleto calcificado, que é essencial para sua sobrevivência.

O que não sabemos?

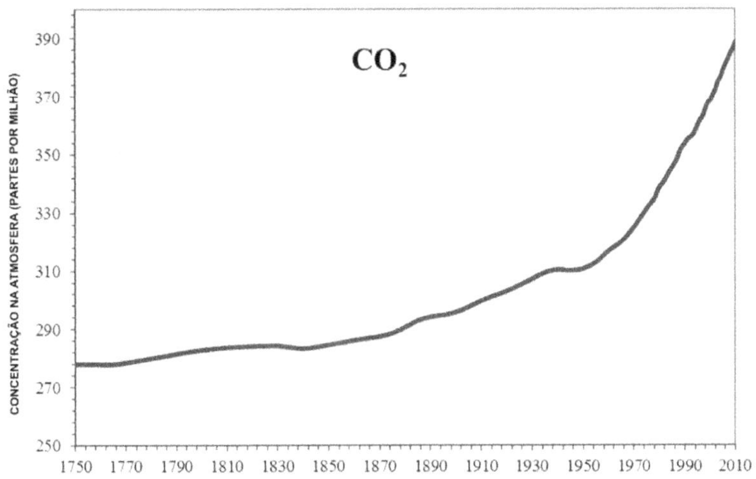

Os modelos computadorizados são usados para estudar a dinâmica do clima na Terra e fazer projeções sobre futuras mudanças de temperatura. Mas esses modelos climáticos diferem sobre a "sensibilidade climática" — a quantidade de aquecimento ou esfriamento que ocorre por conta de um fator específico, como a elevação ou a queda na concentração de CO$_2$. Os modelos também diferem na forma como expressam "feedback climático".

O aquecimento global deverá provocar algumas mudanças com probabilidade de criar mais aquecimento, como a emissão de grandes quantidades de gases do efeito estufa com o derretimento do *permafrost* (gelo eterno da superfície da Terra). Isso é conhecido como "*feedback* climático positivo" (no sentido de adicionar calor).

Mas também existem os *feedbacks* negativos, que

compensam o aquecimento. Por exemplo, os oceanos e a terra absorvem CO_2 como parte do ciclo do carbono.

A questão é saber qual será o resultado final da soma dessas variáveis.

As inundações vão me atingir?

Segundo o IPCC, com o maior nível de emissões de dióxido de carbono os níveis dos mares no ano 2100 poderiam subir até 97 centímetros, mas alguns cientistas criticam os modelos usados para calcular esse aumento. Embora o IPCC afirme que não há consenso quanto ao método, usando o que é chamado de modelo semiempírico, as projeções para o aumento do nível do mar podem chegar a 2 metros. Nessas condições, 187 milhões de pessoas a mais no mundo sofreriam com inundações.

O que vai acontecer com os ursos polares?

O estado dos polos Norte e Sul tem sido uma preocupação crescente para a ciência, conforme os efeitos do aquecimento global se tornam mais intensos nessas regiões.

Em 2007, o IPCC disse que as temperaturas no Ártico aumentaram quase duas vezes mais que a média global nos últimos cem anos. O relatório destacou que a região pode ter uma grande variação, com um período quente observado entre 1925 e 1945. Em relação à Groenlândia, que por si só tem a capacidade de aumentar os níveis globais dos mares em 6 metros, o painel diz estar 90% certo de que a velocidade da perda de gelo aumentou seis vezes no período entre 2002 e 2011, se comparado à perda no período entre 1992 e 2001. Porém, enquanto a extensão média do gelo no Ártico caiu cerca de 4% por década desde 1979, o gelo na Antártica aumentou até 1,8% por década no mesmo período.

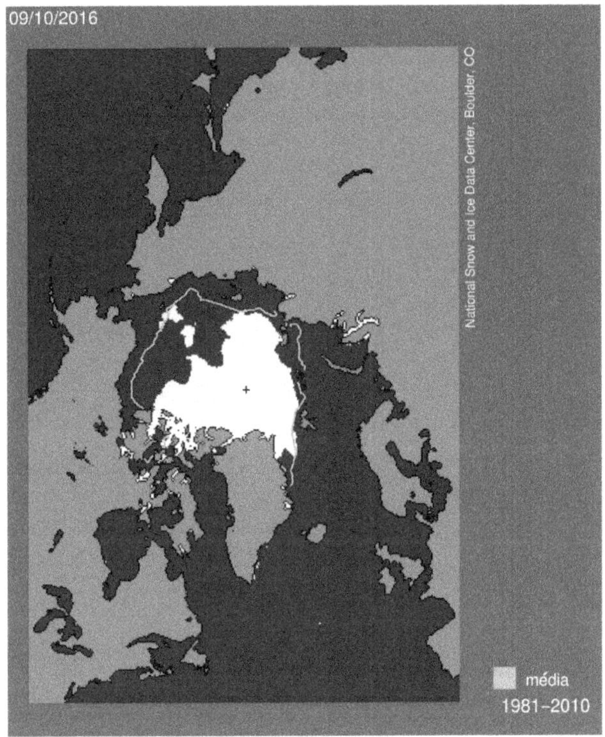

Extensão da área de gelo no Ártico.

Para o futuro, as previsões são bastante dramáticas. No pior cenário traçado pelo IPCC, um Ártico sem gelo no verão pode ocorrer até a metade deste século, e a perspectiva para os ursos polares e outras espécies que vivem nesse ambiente não é boa, segundo disse à BBC o professor Shang-Ping Xie, do Instituto de Oceanografia da Universidade da Califórnia em San Diego.

"Haverá bolsões de gelo marítimo em alguns mares marginais. Esperamos que os ursos polares sejam capazes de sobreviver no verão nesses bolsões de gelo remanescentes", disse.

9. Desenvolvimento sustentável

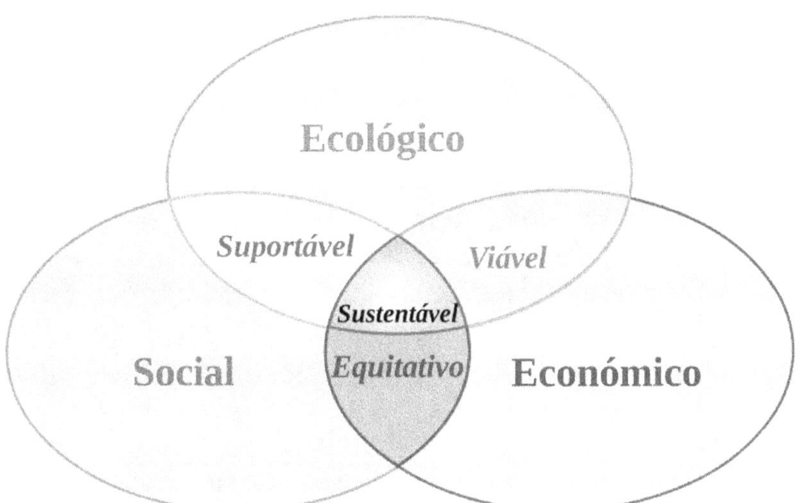

A definição mais usada para o desenvolvimento sustentável é a seguinte: "O desenvolvimento que procura satisfazer as necessidades da geração atual, sem comprometer a capacidade das gerações futuras de satisfazerem as suas próprias necessidades, o que significa possibilitar que as pessoas, agora e no futuro, atinjam um nível satisfatório de desenvolvimento social e econômico e de realização humana e cultural, fazendo, ao mesmo tempo, um uso razoável dos recursos da terra e preservando as espécies e os habitats".

Ao longo das últimas décadas, vários têm sido os acontecimentos que marcam a evolução do conceito de desenvolvimento sustentável, de acordo com os pro-

gressos tecnológicos e com o aumento da conscientização das populações.

Âmbito e definições de aplicação

O conceito de desenvolvimento sustentável abrange várias áreas, assentando-se essencialmente num ponto de equilíbrio entre o crescimento econômico, equidade social e a proteção do ambiente, considerando a Terra como *um planeta frágil, a ser protegido pela humanidade.*

A Declaração Universal sobre a Diversidade Cultural adiciona um novo enfoque à questão social, ao afirmar que "a diversidade cultural é tão necessária para a humanidade como a biodiversidade é para a natureza", lançando "as raízes do desenvolvimento entendido não só em termos de crescimento econômico, mas também como um meio para alcançar um estado intelectual, emocional, moral e espiritual mais satisfatório". Nessa visão, a diversidade cultural é a quarta área política do desenvolvimento sustentável.

O conceito, que, apesar de expressiva quantidade de debates a respeito, permanece mal definido, inclui noções de sustentabilidade fraca, de sustentabilidade e ecologia profunda. Diferentes concepções revelam também uma forte tensão entre ecocentrismo e antropocentrismo.

Durante os últimos dez anos, diversas organizações têm tentado medir e monitorizar a proximidade com o que consideram a sustentabilidade por meio da aplicação do que tem sido chamado de "métricas e indicadores de sustentabilidade". O desenvolvimento sustentável tem sido usado para definir limites para o mundo em desenvolvimento: enquanto os atuais países de primeiro mundo causaram poluição durante o seu desenvolvimento e continuam causando, os mesmos países incentivam os países do terceiro mundo a reduzir a poluição, o que, por vezes, impede seu crescimento. Alguns consideram que a implantação do desenvolvimento sustentável implica um retorno a estilos de vida pré-modernos.

Em 1995, a Comissão das Nações Unidas para o Desenvolvimento Sustentável aprovou um conjunto de indicadores de desenvolvimento sustentável, com o intuito de servirem como referência para os países em desenvolvimento ou como revisão de indicadores nacionais de desenvolvimento sustentável, tendo sido aprovados em 1996 e revistos em 2001 e 2007. O quadro atual contém 14 temas, ligeiramente modificados a partir da edição anterior. Cada um desses temas encontra-se dividido em diversos subtemas, indicadores padrão e outros indicadores:

1. Pobreza.
2. Perigos naturais.
3. Desenvolvimento econômico.
4. Governança.
5. Ambiente.
6. Parceria econômica global.
7. Saúde.
8. Terra.
9. Padrões de consumo e produção.
10. Educação.
11. Oceanos, mares e costas.
12. Demografia.
13. Água potável, escassez de água e recursos hídricos.
14. Biodiversidade.

Além das Nações Unidas, outras entidades elaboraram seus próprios modelos de indicadores, como no caso da Comissão Europeia, da Organização para a Cooperação e Desenvolvimento Econômico (OCDE) e do Global Environment Outlook (GEO).

Marcos Alberto von Bahten

Os três componentes do desenvolvimento sustentável

Sustentabilidade ambiental

Com o evoluir dos tempos e dos conhecimentos técnicos, o desenvolvimento sustentável foi crescendo como resposta às assimetrias globais e aos problemas locais e intertransfronteiriços

A *sustentabilidade ambiental* consiste na manutenção das funções e componentes do ecossistema de modo sustentável, podendo igualmente designar-se como a capacidade que o ambiente natural tem de manter as condições de vida para as pessoas e para os outros seres vivos, tendo em conta a habitabilidade, a beleza do ambiente e sua função como fonte de energias reno-váveis.

As Nações Unidas, por meio do sétimo ponto das metas de desenvolvimento do milênio, procura garantir ou melhorar a sustentabilidade ambiental, por meio de quatro objetivos principais: (1) integrar os princípios do desenvolvimento sustentável nas políticas e programas nacionais e reverter a perda de recursos ambientais; (2) reduzir de forma significativa a perda da biodiversidade; (3) reduzir à metade a proporção de população sem acesso à água potável e saneamento básico; e (4) alcançar, até 2020, uma melhoria significativa para pelo menos cem milhões de pessoas que vivem abaixo do limiar da pobreza.

Sustentabilidade econômica

Enquadrada no âmbito do desenvolvimento sustentável, a sustentabilidade econômica é um conjunto de medidas e políticas que visam a incorporação de preocupações e conceitos ambientais e sociais. Aos conceitos tradicionais de mais valias econômicas são adicionados fatores que levam em conta os parâmetros ambientais e socioeconômicos, criando assim uma interligação entre os vários setores. O lucro, então, passa ser medido não é somente na sua vertente financeira, mas igualmente na vertente ambiental e social, o que propicia um uso mais correto quer das matérias-primas, quer dos recursos humanos. Há ainda a incorporação da gestão mais eficiente dos recursos naturais, entre eles os minerais, matéria-prima como a madeira e recursos energéticos, de forma a garantir sua exploração sustentável, ou seja, sem arriscar seu esgotamento, sendo também introduzidos elementos como nível ótimo de poluição ou externalidades ambientais, acrescentando aos elementos naturais um valor econômico.

Sustentabilidade sociopolítica

A sustentabilidade sociopolítica centra-se no equilíbrio social, tanto na sua vertente de desenvolvimento social como socioeconômica. É um veículo de humanização da economia e, ao mesmo tempo, pretende desenvolver o tecido social nos seus componentes humanos e culturais.

Neste sentido, foram desenvolvidos dois grandes planos: a Agenda 21 e as metas de desenvolvimento do milênio.

A Agenda 21 é um plano global de ação a ser tomada a nível global, nacional e local, por organizações das Nações Unidas, governos e grupos locais, nas diversas áreas nas quais se verificam impactes significativos no ambiente. Em termos práticos, é a mais ambiciosa e abrangente tentativa de criação de um novo padrão para o desenvolvimento no século XXI, tendo por base os conceitos de desenvolvimento sustentável.

As Metas de Desenvolvimento do Milênio (MDM) surgiram da Declaração do Milênio das Nações Unidas, adaptada pelos 191 estados-membros no dia 8 de setembro de 2000. Criada em um esforço para sintetizar acordos internacionais alcançados em várias cúpulas mundiais ao longo dos anos 1990, relativos ao meio ambiente e desenvolvimento, direitos das mulheres, desenvolvimento social e racismo, entre outras, a declaração traz uma série de compromissos concretos que, se cumpridos nos prazos fixados, segundo os indicadores quantitativos que os acompanham, deverão melhorar o destino da humanidade neste século. Essa declaração menciona que os governos "não economizariam esforços para libertar nossos homens, mulheres e crianças das condições abjetas e desumanas da pobreza extrema", tentando reduzir os níveis de pobreza e promovendo o bem-estar social. Esses projetos são monitorados com recurso ao Índice de Desenvolvimento Humano, uma medida comparativa que engloba três dimensões: riqueza, educação e esperança média de vida.

Mapa do IDH mundial (Fonte: https://commons.wikimedia. org/w/index.php?curid=45646851).

Estratégias nacionais de desenvolvimento sustentável

O capítulo 8 da Agenda 21 incentiva os países a adaptarem estratégias nacionais de desenvolvimento sustentável (ENDS), estimulando-os a desenvolver e harmonizar as diferentes políticas setoriais e econômicas com os planos que operam no país e a combater os crimes sociais e ambientais. O apelo à elaboração desses documentos estratégicos, que devem reforçar e harmonizar as políticas nacionais para a economia, as questões sociais e o ambiente, foi reforçado na Sessão Especial da Assembleia das Nações Unidas de 1997 (Rio+5) e na Cimeira Mundial sobre Desenvolvimento Sustentável de 2002 em Johanesburgo (Rio+10).

A primeira revisão para estabelecer os elementos básicos de boas práticas foi um *Manual para NSDS* preparado por Jeremy Carew-Reid e outros em 1994, partindo das experiências compartilhadas por vários países, por meio de relatórios nacionais e regionais, durante um projeto liderado pela IUCN e IIED.

Na prática, trata-se de uma estratégia eficaz para o desenvolvimento sustentável que reúne as aspirações e capacidades de governo, sociedade civil e do setor privado no sentido de criar uma visão para o futuro e trabalhar tática e progressivamente para esses objetivos, identificando e partindo do que "funciona", melhorando a integração entre as abordagens e fornecendo um quadro para fazer as escolhas sem as quais a integração não é possível. Essas estratégias incidem sobre o que é realmente praticável, pois com uma estratégia eficaz e abrangente poder-se-á solucionar vários problemas ao mesmo tempo.

Assim, as ENDS apresentam sete pontos-chaves, sendo as questões econômicas, ambientais e sociais tratadas de forma integrada, a saber:

— Alterações e energia limpa.
— Consumo e produção sustentáveis.
— Transporte sustentável.
— Conservação e gestão dos recursos naturais.
— Saúde pública.
— Inclusão social, demografia e migração.
— A pobreza no mundo.

Agenda 21 local

A Agenda 21 local é um processo pelo qual as entidades nacionais se envolvem com a comunidade civil na elaboração de uma estratégia conjunta e com um plano de ação que vise melhorar a qualidade de vida a nível local. Têm como objetivo aplicar as recomendações da Agenda 21 ao nível local, envolvendo as entidades governamentais locais, os setores empresarial e industrial e a sociedade civil.

A sustentabilidade é um alvo em movimento

A quantidade de terra disponível por pessoa para fornecer recursos renováveis não é fixa, e encolhe à medida que a população humana cresce. Em 1961, quando havia consideravelmente menos habitantes, a biocapacidade disponível por pessoa era cerca do dobro do que é hoje. A menos que possamos aumentar a biocapacidade, ela se tornará cada vez mais reduzida, tornando cada vez mais difícil para os países alcançar a sustentabilidade.

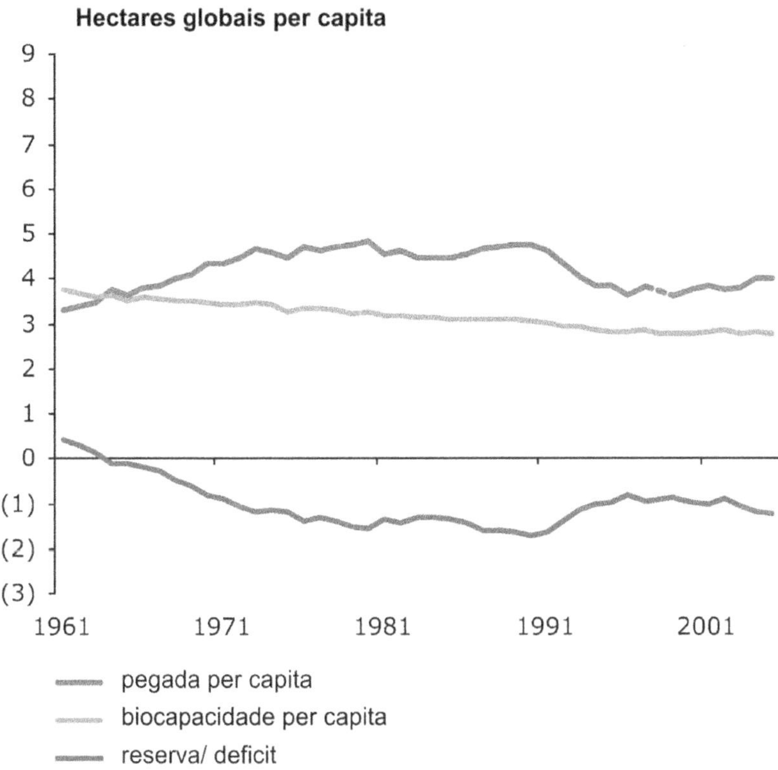

Alterações na Pegada Ecológica e biocapacidade mundial disponível por pessoa entre 1961 e 2001. A biocapacidade total disponível por pessoa diminuiu com o aumento da população.

Um futuro para o nosso planeta

A humanidade está usando recursos renováveis 50% mais rápido do que eles podem ser regenerados. Em vista disso, como será a nossa pegada ecológica no futuro? Esse cálculo usa dados e projeções do uso do solo, a produtividade da terra, o uso de energia na dieta e as mudanças climáticas para estimar como a pegada ecológica e a biocapacidade irão mudar no futuro. Segundo um dos 17 objetivos de desenvolvimento sustentável da ONU, "a população global deve chegar a 9,6 bilhões de pessoas até 2050; o equivalente a três planetas seriam necessários para prover os recursos naturais necessários para sustentar os estilos de vida atuais".

A pegada de carbono é o maior componente da pegada, e confrontá-la é uma prioridade, se quisermos evitar as perigosas mudanças climáticas. A pegada de carbono pode ser reduzida por meio da eficiência energética, aumento do uso de eletricidade como fonte de energia e substituição de combustíveis fósseis por biocombustíveis. No entanto, a produção de biocombustíveis tem uma pegada substancial em si mesmo, e também implicações para a produção agrícola. E limitar-se a apenas reduzir a pegada de carbono sozinho não será suficiente para colocar a pegada ecológica dentro dos limites do nosso planeta.

E se também mudar a nossa dieta?

Com o aumento da riqueza, as pessoas passaram a consumir mais calorias e houve um aumento no consumo de proteína na forma de carne e produtos lácteos. Para investigar como isso afeta a pegada ecológica, foram estudados cenários com a dieta basal (FAO) substituída por duas dietas diferentes, a italiana, com 3685 kcal por dia e 21% de carne e produtos lácteos, e a da Malásia, com 2863 kcal por dia e 12% de carne e produtos lácteos.

No caso da dieta italiana, mesmo com uma pegada de carbono muito baixa ainda precisaríamos de 2 planetas em 2050 para alimentar todo o planeta, e mesmo utilizando as florestas não teríamos terra suficiente para cultivar os alimentos necessários.

Com a dieta da Malásia, que tem calorias suficientes, mas com um percentual menor de proteínas animais, ainda precisaríamos de um pouco menos de 1,3 planetas em 2050.

Claramente, estamos diante de grandes desafios para fornecer alimentos suficientes para a população projetada do mundo futuro.

Uma rede elétrica inteligente, por exemplo, custará bilhões, mas poupará trilhões. A modernização planejada para a rede nacional de energia dos Estados Unidos, por exemplo, deverá custar 476 bilhões de dólares em 20 anos, mas poderá gerar uma economia de energia e benefícios estimados em dois trilhões de dólares em benefícios aos consumidores ao longo do período, de acordo com especialistas setoriais. A rede elétrica dita "inteligente" economizará energia, reduzirá custos e propiciará maior confiabilidade ao distribuir eletricidade dos fornecedores aos consumidores com a ajuda de uma comunicação de dados bidirecional que permitirá o controle de eletrodomésticos, o carregamento de veículos elétricos e o uso de fluxos de energia de fontes renováveis nos lares dos usuários.

"A implantação da rede inteligente é um processo contínuo. À medida que novas tecnologias sejam desenvolvidas e ganhem em custo/ benefício, poderão ser usadas para encontrar a forma mais efetiva de equiparar oferta e procura", declarou Matt Wakefield, gerente do programa de redes elétricas inteligentes do Electric Power Research Institute (EPRI).

Para tornar o sistema elétrico do futuro uma realidade, o EPRI, uma organização sem fins lucrativos para a pesquisa e desenvolvimento de tecnologia elétrica, afirmou que as empresas de energia precisam investir entre 17 e 24 bilhões de dólares ao ano ao longo das duas próximas décadas. Boa parte desse custo será repassada ao consumidor. "Precisamos informar aos usuários de energia que o sistema elétrico será melhorado e resultará em custos menores, mesmo que não obtenham uma queda imediata em suas contas de luz", disse Clark Gellings, pesquisador do EPRI.

Por volta de 2050, o EPRI estimou que a conta de luz média provavelmente subirá 50 por cento, caso a rede inteligente seja adotada. Mas, em caso contrário, a conta média poderá subir quase 400 por cento.

Algumas das maiores empresas mundiais de tecnologia estão concorrendo para fornecer infraestrutura às redes elétricas inteligentes, entre as quais IBM, General Electric, ABB, Siemens, Google, Toshiba, Cisco e Microsoft. A multinacional japonesa Toshiba fechou acordo para adquirir o grupo suíço de redes elétricas inteligentes Landis+Gyr por 2,3 bilhões de dólares. Além das próprias gigantes da tecnologia, todos os tipos de empresas nas indústrias de energia, eletrodomésticos e automotivos poderão usar a rede inteligente para interagir com os consumidores.

Nível do mar pode subir um metro até 2100

O primeiro relatório da "Comissão do Clima" do governo australiano (2011) indicou que as provas do aquecimento da Terra são irrefutáveis, e que a primeira década do século XXI foi a mais quente já registrada. Fontes de Sidney atestam que o nível do mar pode se elevar em um metro até o final do século devido ao aquecimento global, ameaçando multiplicar o número de inundações devastadoras nas regiões costeiras. O documento, que usa como base os dados científicos mais recentes sobre o tema compilados em todo o mundo, afirma que as emissões de gases causadores do efeito estufa são, sem sombra de dúvida, responsáveis pelo aumento das temperaturas, pelo aquecimento dos oceanos e pela elevação do nível do mar.

"Penso que o aumento médio do nível do mar em 2100, comparado a 1990, será de 50 centímetros a um metro", escreveu no prefácio do relatório Will Steffen, que coordenou a comissão. A previsão dos especialistas australianos é superior à do relatório do Painel Intergovernamental sobre as Mudanças Climáticas (IPCC) em 2007, que falava em um aumento de 80 centímetros, destacou Steffen.

Ganhadores do Nobel pedem ações urgentes em favor do planeta

Um manifesto assinado por 20 vencedores do prêmio Nobel reunidos em Estocolmo em 2011 pediu providências para garantir a preservação do meio ambiente, num apelo aos dirigentes mundiais que incluiu recomendações feitas a um comitê especial da ONU.

No documento, os vencedores do Nobel de Química Mario Molina e Paul Crutzen, o premiado de Economia Amartya Sen e a Nobel de Literatura Nadine Gordimer concluíram que a Terra entrou em uma nova era, a "antropocena", influenciada pelas ações humanas. Além do objetivo de manter o aquecimento global abaixo de dois graus Celsius, o documento destaca que "o meio ambiente sustentável é uma pré-condição para a erradicação da pobreza, desenvolvimento econômico e justiça social".

Uma das dificuldades dos acordos internacionais sobre o clima é a divergência de interesses entre países desenvolvidos e os em desenvolvimento, que afirmam que o crescimento rápido não pode ser limitado pelos esforços ambientais. O memorando defende também uma "revolução agrícola", mais ecológica, para alimentar a população humana do planeta, que em breve chegará aos 9 bilhões. O manifesto incluiu um julgamento simulado da espécie humana, acusada de destruir o planeta.

Paraísos vulneráveis

O levantamento que se segue é da ONG Co+Life, baseado no Painel Intergovernamental de Mudanças Climáticas da ONU e no *World Monuments Fund*.

Ilhas Maldivas

Belas e frágeis, 80% das pequenas e numerosas ilhas que compõem o arquipélago localizado no Oceano Índico estão apenas um metro acima do nível do mar. Uma elevação brusca das águas poderia varrer do mapa esse paraíso de areias brancas, palmeiras e atóis de corais. No último século, o nível do mar subiu 20 centímetros em algumas partes do país. Temendo o pior, o governo local estuda comprar um novo território para acomodar seu povo.

Floresta Amazônica

O desmatamento ilegal e predatório é o principal inimigo da Floresta Amazônica, considerada a maior caixa-preta da biodiversidade mundial: estima-se que suas matas e águas concentrem 30% da biodiversidade da Terra, e a Amazônia vem perdendo milhares de quilômetros quadrados de floresta a cada ano, segundo dados do Instituto Nacional de Pesquisas Espaciais (INPE).

Monte al-Makmal

Com 3.087 m de altura, o Monte al-Makmal, em cujas rochas aninham-se inúmeros mosteiros, é um dos relevos mais altos do Líbano. Aos seus pés fica o vale Qadisha, declarado Patrimônio Mundial da Humanidade pela ONU desde 1998. O vale é atravessado pelo rio sagrado Nabor, que se estende por 35 km e tem sua origem em uma caverna localizada no monte, último reduto dos cedros do Líbano, árvore-símbolo do país.

Plataforma de Gelo Ross

A Plataforma de Ross, extensão de gelo situada na Antártida, é a maior do mundo, com cerca de 487 000 km^2, área semelhante à da França. Esse "país" de gelo deve seu nome ao marinheiro e explorador inglês James Clark Ross, que o descobriu em 1841. Apesar da espessura de centenas de metros, os cientistas temem que os paredões de gelo derretam em virtude do aquecimento do planeta, o

que poderia causar uma elevação de 5 metros no nível dós
oceanos.

Tuvalu

Assim como as ilhas Maldivas, o pequeno conjunto
de nove ilhas localizado no Oceano Pacífico, entre a Austrá-

lia e o Havaí, sofre as consequências do aquecimento global. Com área de 26 km², o minúsculo Estado corre o risco de submergir diante do aumento do nível do mar. Nos últimos anos, as inundações constantes já vêm atrapalhando a produção de cultivos locais e a obtenção de água potável.

Naukluft Park

O deserto da Namíbia concentra o maior número de dunas migratórias do mundo, entre elas as dunas vermelhas do Naukluft Park, a maior reserva animal da África, que chegam a impressionantes 30 metros de altura. A ameaça à sua preservação consiste na intensificação das correntes de ar, que podem favorecer um maior deslocamento das dunas. A atividade agitada pode pôr em risco a fauna e flora locais.

Kilimanjaro

Trata-se do monte mais alto da África, localizado no norte da Tanzânia, junto à fronteira do Quênia. O

Kilimanjaro se ergue em meio a uma planície de savana, um colosso com altitude de 5,8 mil metros, um antigo vulcão circundado por uma floresta de fauna e flora riquíssimas que foi declarado pela ONU Patrimônio da Humanidade em 1987. O Kilimanjaro se tornou famoso por sua neve eterna no topo, mas isso pode mudar. A camada de flocos de gelo está diminuindo a cada ano, e estima-se que em uma década não haverá mais gelo no monte.

Parque Nacional de Virunga

Virunga, o parque mais antigo da África criado em 1925, é o refúgio do gorila da montanha, espécie que se encontra sob risco de extinção. Pelo menos 200 desses animais vivem no parque, localizado na República Democrática do Congo, e não estão a salvo: a floresta, que também abriga refugiados da guerra civil de Ruanda (1994), tem sido alvo de desmatamento e caça ilegal, o que ameaça a sobrevivência dos primatas.

Galápagos

Cenário de criação da Teoria da Evolução, de Charles Darwin, o arquipélago de Galápagos, no Oceano Pacífico, tem atraído turistas e curiosos do mundo todo, em busca de sua fauna peculiar que inclui muitas espécies endêmicas, como as tartarugas de Galápagos. O aumento crescente do turismo e da população local, contudo, coloca em risco esse paraíso natural, que, há pouco tempo, era praticamente intocado.

Santuário de Manas

Localizado aos pés do Himalaia, no estado de Assam, Índia, o santuário de Manas abriga uma grande variedade de animais, incluindo muitas espécies ameaçadas, como o porco-pigmeu, o rinoceronte indiano e o elefante indiano. A região, porém, figura desde 1992 na lista de patrimônios em risco da Unesco, ano em que militantes da tribo Bodo invadiram a área. No ano seguinte, o santuário sofreu danos estruturais em torno de dois milhões de dólares.

Pesquisa de campo no Himalaia

Em extenso estudo realizado com 250 moradores do Himalaia, no qual foram coletadas suas observações sobre a evolução da camada de neve ou dos cursos de água nos últimos dez anos: 75% dos entrevistados disseram que atualmente faz mais calor do que há 10 anos, e que há graves mudanças na região. Dois terços disseram que o verão e a colheita estão chegando mais cedo. Cerca da metade concordou que há menos neve agora nas montanhas e 70% afirmaram que os cursos de água são cada vez mais escassos, que certas espécies de plantas brotam mais cedo do que há uma década e que mosquitos têm aparecido em aldeias nas quais nunca eram vistos anteriormente. Outro terço indicou que nas fazendas há mais pragas e crescem mais ervas daninhas.

No estudo, conduzido por Kamaljit Bawa, professor de biologia da Universidade de Massachusetts em Boston (UMB) e presidente da Fundação Ashoka de Pesquisas em Ecologia e Meio Ambiente (ATREE, em inglês) de Bangalore, Índia, e Pashupati Chaudhary, estudante de biologia da UMB,[8] e publicado pela Royal Society (academia das ciências britânicas), os pesquisadores abordaram 18 possíveis indicadores das mudanças climáticas ao longo da última década. Com o objetivo de comparar os resultados, as entrevistas foram acompanhadas de uma pesquisa de grande escala em outras 10 cidades da mesma região, e os resultados confirmam os estudos científicos relacionados à temperatura, às chuvas e às espécies no Himalaia e em outras regiões. No entanto, não existem estudos que comprovem que a colheita está começando mais cedo.

Os moradores mais afetados são os que vivem em altitudes elevadas (entre 2000 e 3000 metros). Na verdade, cientistas estimam que as regiões montanhosas e com neve sejam as mais suscetíveis ao impacto das mudanças climáticas.

---

8 http://pt.wikipedia.org/wiki/Desenvolvimento_sustent%C3%A1vel#cite_ref-0.

Embora se trate da maior pesquisa já realizada até agora, comparando as observações coletadas de populações locais aos modelos científicos, esses conhecimentos empíricos são pouco utilizados nas ciências do clima por serem muitas vezes demasiado incorretos, ou distorcidos pelas experiências profissionais. Por exemplo, se um agricultor sofre várias colheitas ruins seguidas, culpa primeiro as mudanças climáticas, em vez de avaliar as técnicas agrícolas utilizadas ou, simplesmente, cogitar se houve mau tempo.

"Apesar dos enormes custos ambientais, econômicos e sociais, não conhecemos bem a extensão das mudanças climáticas e suas consequências no Himalaia", diz o estudo.

O Himalaia e seus 15 mil glaciares abastecem com água os oito maiores rios da Ásia, dos quais cinco (Indus, Ganges, Brahmaputra, Yang Tsé e Amarelo) são suscetíveis de sofrer estresse hídrico nas próximas décadas, com potenciais consequências para 1,4 bilhão de pessoas.

10. A MUDANÇA DE PARADIGMA

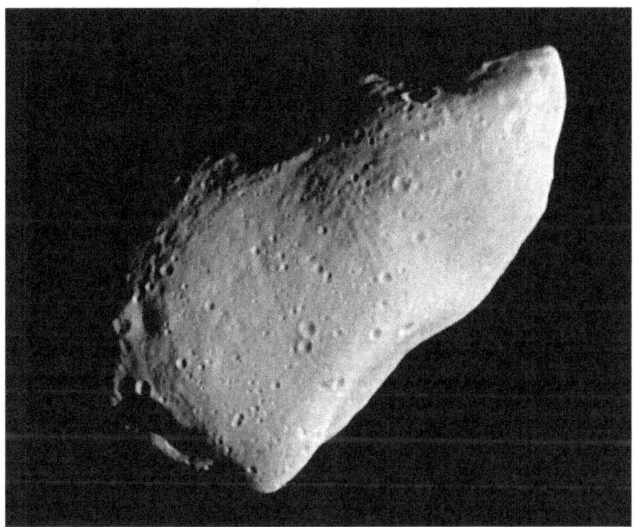

Asteroide Gaspra, fotografado pela Sonda Galileo (1991).

Se depender apenas do Sol, o ser humano poderá habitar a Terra por mais uns 4,5 bilhões de anos. Acontece, entretanto, que a Terra orbita o Sol em uma região pela qual frequentemente passam cometas e asteroides, alguns deles com tamanho suficiente para, em uma colisão com nosso planeta, provocar o fim da vida humana.

Em todos os corpos do Sistema Solar encontramos marcas deixadas por colisões com outros corpos. Em nosso próprio planeta encontramos inúmeras crateras oriundas dessas colisões. A extinção dos dinossauros, por exemplo, é creditada à colisão de um asteroide com a Terra, há 65 milhões de anos, na região do Golfo do México. Essa colisão teria levantado uma nuvem de poeira tão grande que, durante centenas de anos, mudou o clima de nosso planeta, levando os dinossauros gradativamente à extinção.

Calcula-se que existam cerca de 2.000 cometas e asteroides cujas órbitas cruzam a órbita da Terra e são, assim, passíveis de colidir com nosso planeta. Desses, 200 são conhecidos e constantemente monitorados. Nenhum corpo conhecido, de grandes proporções, colidirá com a Terra, pelo menos nos próximos 120 anos. Resta-nos, contudo, a possibilidade de descobrir no futuro um grande cometa ou asteroide em rota de colisão com a Terra em, digamos, 20 anos. Embora muito pequena, essa possibilidade existe, e deve ser considerada.

Mas vamos nos ater aos fatos conhecidos, e mencionar algumas opiniões abalizadas relativas ao futuro da humanidade, que têm o potencial de alargar nossos horizontes e provocar mudanças em nossas visões de mundo.

Em *A teia da vida* (1996), Fritjof Capra nos informou que:

> O paradigma que está agora retrocedendo dominou a nossa cultura por várias centenas de anos, durante as quais modelou nossa moderna sociedade ocidental e influenciou significativamente o restante do mundo. Esse paradigma consiste em várias ideias e valores entrincheirados, entre os quais a visão do universo como um sistema mecânico composto de blocos de construção elementares, a visão do corpo humano como uma máquina, a visão da vida em sociedade como uma luta competitiva pela existência, a crença no progresso material ilimitado, a ser obtido por intermédio de crescimento econômico e tecnológico e, por fim, mas não menos importante, a crença em que uma sociedade na qual a

mulher é, por toda a parte, classificada em posição inferior à do homem é uma sociedade que segue uma lei básica da natureza. Todas essas suposições têm sido decisivamente desafiadas por eventos recentes. E, na verdade, está ocorrendo, na atualidade, uma revisão radical dessas suposições.

Em seu artigo "Meio ambiente e novos paradigmas" (2010), Nelton Miguel Friedrich, Diretor de Coordenação e Meio Ambiente da Itaipu Binacional, elaborou as seguintes reflexões:

> Independentemente da data, a questão ambiental é o assunto do momento e uma consequência positiva disso é que ao menos parte da população mostra-se consciente e atuante sobre o tema. São diversos os exemplos da sociedade civil, de governos e até de empresas que nos dão a esperança de que as mudanças necessárias nos modos de vida, produção e consumo estão ocorrendo, apesar disso ainda ocorrer em pequena escala.
>
> Enquanto isso, à maioria dos líderes mundiais, falta o senso de urgência que a crise exige. (...) O fato de a população norte-americana, que equivale a 4% da população mundial, responder por 20% de toda a poluição que contamina o mundo é a prova definitiva de que esse modelo econômico é insustentável e autodestrutivo.
>
> (...)
>
> Os novos paradigmas que se fazem necessários são, portanto, estruturais. (...) Creio que, para muitos, o sentimento ainda é de perplexidade diante dos inúmeros sinais de falência do modelo de civilização que vínhamos construindo. Mas o momento já é adverso o suficiente para que coloquemos em prática a solidariedade, o reencontro do econômico com o ecológico, o político, o social, a cidadania planetária e a cultura da vida. Como

propôs Gandhi: "Temos que ser a mudança que queremos ver no mundo!"

Em vista de tudo isso, cabe-me agora apresentar meu próprio paradigma. Analisando os vários aspectos referentes ao meio ambiente enfocados acima, creio que é oportuno mostrar que a humanidade vem alterando substancialmente suas ações, atitudes e comportamentos com relação ao meio ambiente. Percebe-se nitidamente que tanto as empresas privadas como a sociedade, com suas organizações, têm adequado suas gestões à responsabilidade socioambiental.

Através da atitude comportamental de seus líderes, a maioria das empresas e as organizações mostram que são capazes de minimizar as situações de risco que o futuro pode apresentar, controlando e compreendendo os resultados que suas intervenções podem obter, na sociedade e no meio ambiente. Os riscos são múltiplos: drogas, violência urbana, crises econômico-sociais e, sobretudo, o crime organizado e a pobreza.

Constata-se desde logo que, quanto maior for a capacidade de liderança do empreendedor na gestão de sua empresa, maior será também o equilíbrio nas questões relacionadas com a sustentabilidade ambiental. Portanto, o que se vê é a verdadeira construção de um novo paradigma, dados os danos ambientais que podem ser provocados pela atuação intervencionista das empresas na sociedade. Visto sob esse prisma, podemos concluir que o papel das organizações e das empresas passa por acentuada fase de reflexão sobre o papel que devem exercer frente aos mercados.

Não podemos nos esquecer do homem, que, muitas vezes, exercendo seu trabalho na empresa, vê-se forçado a provocar alterações no meio ambiente em função do produto que ela produz e da concorrência acirrada com outras empresas. Observem que toda essa questão implica em um processo, muitas vezes bastante complexo, que poderia levar à solução desses problemas, provocando alterações no papel das empresas. Assim, é preciso que seja aumentado seu grau de comprometimento com o indivíduo em sociedade e com o meio ambiente.

Vejam as calamidades provocadas por alterações climáticas provocadas pelo dito progresso, que ocasiona o crescimento desordenado do meio urbano, somado à poluição ambiental da qual a própria população é agente, causando o entupimento de esgotos pluviais, por exemplo, sem deixar de lado o efeito prejudicial do plástico industrial em todas as suas formas, como embalagens e PETs.

Não se pode perder de vista a necessidade estratégica que o mercado constantemente demanda das empresas, como o investimento em inovações, tanto em bens como em serviços, o que eleva os riscos da intervenção empresarial na sociedade e no ambiente. O caminho certo é o de uma visão clara, transparente, que as organizações devem trilhar adotando mecanismos de sustentabilidade, que, por sua vez, possibilitarão a sustentabilidade econômica do negócio. Este novo paradigma, portanto, diz respeito primeiramente à amplitude do novo papel do gestor.

Não terá mais lugar a chefia, o gerente que age como um capataz e somente assegura a produtividade. Tais profissionais começam a ser substituídos por líderes socialmente comprometidos, responsáveis frente à sociedade que compõe seu mercado, que possam antever impactos e soluções ou minimizem intervenções desastrosas no ambiente em que atuam. Ou seja, um novo ator social.

E o que traz de novo esse paradigma em construção?

Indica a necessidade de se fazer uso do conhecimento como principal fator de produção, como instrumento capaz de enfrentar os riscos inerentes às intervenções da empresa no ambiente econômico-social de seus mercados. Também indica quem deve assumir o enfrentamento dos riscos ambientais incorridos pela sociedade, o que deve ser

função e responsabilidade de governos, empresas, instituições, organizações e da própria sociedade, que não poderá
mais permanecer passiva frentes a essas questões.

O conhecimento transforma a sociedade, e é im-
prescindível no entendimento das mudanças, das transformações econômico-sociais a que está sujeita. Vejam os desafios que a ciência precisa enfrentar, como, por exemplo,
no caso da "gripe suína", pois corre sempre contra o tempo.
Os riscos que se apresentam são graves, e ocorrem contínua e aceleradamente, sem precedentes em tamanho e urgência, como o aquecimento global, o desmatamento das
florestas, a contaminação dos mananciais de água doce, a
questão do lixo urbano, o extermínio da flora e da fauna,
dentre tantos.

O que esse novo paradigma expõe é a necessidade
de o homem prevenir-se contra si próprio, criando novas
condições de sobrevivência, um novo comportamento que
altere seu papel de liderança na sociedade como um todo.
E urge essa transformação.

Portanto, o papel do novo gestor, desse novo ator social que comandará as empresas, as instituições e organizações em geral, será a busca da responsabilidade e sustentabilidade ambiental. O próprio mercado se encarregará de
decretar o fim de negócios na contramão, e outros melhores surgirão. O conhecimento indicará o caminho das mo-
dificações sociais, de qualificadas intervenções antrópicas
no ambiente, do expurgo do consumo exagerado de certos
fatores, como energia e bens supérfluos, entre outros.

Não foi o mundo que mudou, é o homem que precisa mudar. É preciso escapar à dependência típica do homem contemporâneo. Por meio do conhecimento, vive-se
sob o julgo da tecnologia, mas continuamos correndo graves riscos. Olhem as cidades, com redes de dependência:
basta uma delas falhar para tudo e todos enfrentarem o colapso; estou falando da energia elétrica.

Voltando à questão da responsabilidade, da necessidade de se minimizar os riscos inerentes às intervenções empresariais no ambiente, além do mercado deve-se levar em conta o agente econômico representado pelo governo, que detém a responsabilidade de atuação transparente no uso dos recursos retirados da sociedade, retornando à sociedade em serviços que prescrevem e preveem os riscos que ameaçam os cidadãos.

Ressalte-se ser estratégico, na construção desse paradigma, que a sustentabilidade econômica e social do negócio seja responsabilidade de toda a empresa, caminhando em paralelo com a lucratividade, pois esse perfil é seu diferencial sem seu mercado de atuação.

Ser protagonista nesse cenário é responsabilidade de todos aqueles socialmente comprometidos com a qualidade de vida e o bem-estar da sociedade, que junto a ela devem criar vínculos com a nova ideologia de fazer o caminhar social do homem ocorrer do jeito certo, sem riscos à sua sobrevivência ambiental.

O destino previsto para a humanidade neste século

Se o mundo continuar em sua trajetória atual, sem perceber corretamente o perigo que a humanidade está correndo, certamente em pouco tempo teremos que nos preocupar com crises ecológicas e sociais nunca imagináveis e suas consequências desastrosas para todos os seres vivos.

Abaixo algumas possíveis causas geradoras de uma crise desse teor:

— Interferências humanas sobre os ecossistemas e climas da Terra que, não sendo diminuídas, provocarão mudanças climáticas, extinção de muitas espécies e a destruição de funções essenciais para a manutenção da vida.

— Um sexto do mundo permanece na miséria,

que não é diminuída embora haja um crescimento global, ocasionando dificuldades na contenção do aumento da pobreza e graves riscos para o restante do mundo.

— A população mundial continua a crescer rapidamente, principalmente nas regiões com menor capacidade de absorver o crescimento demográfico.

— Quase nada estamos fazendo para a resolução do problema global, curvados que estamos sob o peso da ignorância, da irresponsabilidade e da incompetência das instituições.

Tais crises não irão se resolver sozinhas. As condições ecológicas não ficarão melhores devido ao rápido crescimento econômico em boa parte do mundo, a menos que esse crescimento seja controlado por políticas públicas ativas e emprego de tecnologias que economizem recursos sustentáveis, como se segue:

— A redução das taxas de natalidade para reduzir o crescimento populacional requer ações públicas que ajudem a orientar as instituições no terreno da fertilidade.

— Para encontrarmos o caminho da prosperidade, capaz de se espalhar por todas as regiões do mundo, é preciso economizar os recursos e maximizar os ganhos alcançáveis a partir da ciência e da tecnologia. Necessitamos, para tanto, de acordos e de atitudes por todo o planeta, que sejam compatíveis na resolução de nossos desafios globais.

— É necessário um conjunto de investimentos públicos globais, levados adiante pelas nações de todo o mundo, a fim de evitar os riscos mais graves que o mundo está enfrentando.

Os custos desses investimentos para conter as mudanças climáticas, a perda da biodiversidade, o rápido crescimento demográfico e a miséria não serão grandes se forem divididos equitativamente entre as nações. O maior desafio para alcançar esses objetivos está em fazer com que o mundo aceite empreender esses esforços.

Ao longo dos últimos anos, a imprensa escrita, falada e televisiva não mediu esforços na divulgação de temas como a sustentabilidade do meio ambiente, a estabilização do crescimento demográfico e o fim da miséria. Nos últimos vinte anos, os dirigentes mundiais também já tiveram várias oportunidades para abordar as questões relativas a esse desafio. Sabemos que esses encontros trouxeram alguns resultados importantes, contando inclusive com o apoio do público. Uma agenda com compromissos globais compartilhadas foi adotada, capaz de fornecer um direcionamento para um futuro sustentável. Entretanto, por enquanto esses compromissos não foram cumpridos na busca de soluções globais.

Vale ainda a pena ressaltar que estudos feitos por especialistas na área afirmam que um sistema de energia sustentável, no qual as mudanças fiquem sob controle, custaria menos de um por cento da renda mundial anual. Da mesma forma, a adoção de uma política corajosa, com o objetivo de reduzir o crescimento demográfico nos países mais pobres, custaria menos que um centésimo da renda anual dos países mais ricos, e o fim da miséria demandaria o mesmo percentual. Esses recursos seriam destinados a financiar os investimentos necessários para liberar os países menos favorecidos da armadilha da pobreza.

Não custa lembrar que essa modesta transferência de recursos seria temporária, podendo durar somente até 2025, mas mesmo assim o mundo continua paralisado. O principal problema não é a ausência de soluções razoáveis e de baixo custo, mas sim a dificuldade de se programar uma cooperação global que coloque essas soluções em andamento.

Todos nós nos acostumamos a conviver como cidadãos de um país, como membros originados das mais diferentes culturas, ocupando as mais diversas funções em nossas comunidades. Mas nada nos impede de estarmos também interligados com o mundo que nos cerca, fazendo parte de uma rede que ajudamos a tecer, contribuindo com as mais variadas tradições, áreas de conhecimento e busca de novas culturas para a tessitura desse tapete global.

Somos, cada um de nós, modeladores de uma sociedade global que pode e deve compartilhar valores e desafios comuns. Creio que, como cidadãos do mundo, podemos ajudar as gerações vindouras. Como indivíduos, nos tornamos mais capazes de criar um potencial de renda quando somos parte de redes globais, no trabalho e no lazer.

Assim, colaboradores de empresas atuando nas finanças, no turismo, na tecnologia da informação ou na fabricação de produtos terão mais oportunidades numa economia mundial em ascensão. Um mercado mundial oferecerá amplas possibilidades de crescimento profissional para aqueles envolvidos com os mercados emergentes. Verificaremos, desde logo, a importância das forças políticas, da economia e da ecologia globais, que estão remodelando o mundo e que provocarão novas formas de cooperação internacional.

Nossa responsabilidade maior como indivíduos é o compromisso de conhecer a verdade, tanto técnica como ética. E nosso caminho para a verdade será uma consciência científica ampliada, que nos permite compreender a luta dos pobres, dos despossuídos, dos jovens sem esperança e das comunidades rurais desafiadas pelas desconcertantes mudanças. Sem o comprometimento com a verdade, seremos cegados pelas falsas divisões artificialmente provocadas entre religiões, regiões e países. Sem o comprometimento com a ciência, ficaremos à mercê de argumentos falsos, sem uma essência real. Sem um esforço determinado para construir uma compreensão de outras sociedades, culturas e religiões, e uma cooperação com os pobres e com aqueles que não têm voz, correremos o risco de cair num abismo de desconfiança, agravado pela política do "nós contra eles".

Oito soluções para garantir a sustentabilidade

Cada um de nós deverá empreender determinadas ações, que, se praticadas, darão uma esperança para esta e para as futuras gerações, com vistas à construção de um mundo de paz e desenvolvimento sustentável. Vamos enumerá-las para que possamos, numa rápida visão, mantê-las atualizadas na nossa mente:

1. Devemos nos familiarizar com a ciência que trata do desenvolvimento sustentável do nosso planeta. Para tanto, quem está na escola deverá ter aulas sobre o meio ambiente, economia do desenvolvimento, mudanças climáticas, saúde pública e outros campos relevantes. Os governos de todos os países deverão incluir nos currículos das escolas do ensino médio e superior, em dosagem pedagógica adequada, as disciplinas que tratam dos temas acima mencionados. Estaremos, assim, preparando os jovens para tomarem, desde cedo, conhecimento da importância vital desses temas da ciência.

Àqueles que já concluíram seus estudos, aconselhamos a leitura de revistas ou outras publicações científicas, bem como procurar, via internet, a atualização sobre as descobertas mais recentes e os desafios das políticas ambientais. Os meios de comunicação deverão conclamar todos a se informar sobre os desafios que teremos de enfrentar para que a humanidade possa viver com mais segurança na Terra.

As catástrofes que venham a ocorrer, e que serão cada vez maiores e contínuas, servirão de alerta para os mais pessimistas e incrédulos quanto à necessidade de adotarmos um novo *modus vivendi*.

2. Uma ação muito importante e muitas vezes de fácil aplicação é procurar viajar. Dessa forma, vamos conhecer de perto novas culturas e experiências de vida, que nos permitirão vislumbrar um horizonte mais amplo, no sentido de conhecer as aspirações e os interesses que nos unem, bem como nos conscientizar dos desafios únicos enfrentados por diferentes partes do mundo.

À medida que constroem suas carreiras e seus compromissos com a vida, os estudantes têm uma oportunidade especial: há novas oportunidades de intercâmbio oferecidos por muitas organizações ou universidades, permitindo a troca de experiências e propondo o crescimento em várias áreas do conhecimento.

Quem viaja pode ver, *in loco*, o planeta devastado em várias regiões, a tensão hídrica e os riscos de mudanças climáticas em curso. Tratam-se de oportunidades que mudam e modelam a vida de uma pessoa, e não podem ser desperdiçadas quando a ocasião se oferece.

3. Iniciar ou se unir a uma organização comprometida com o desenvolvimento sustentável. Muitas organizações criadas já há algum tempo, e outras mais recentes, estão desenvolvendo um trabalho importante a favor da vida sustentável no nosso planeta. Observa-se o desenvolvimento de ações que visam eliminar a miséria, melhoria da saúde pública e combate às ameaças ambientais, abrindo, assim, novas oportunidades para o envolvimento de estudantes nessas novas áreas do conhecimento humano. Essas organizações promovem pesquisas em vários campos científicos, cujos resultados, uma vez implantados, contribuirão para a melhoria da saúde, da alimentação, para o controle da poluição dos

nossos rios e de doenças como a malária e a dengue, entre outras epidemias que atingem as populações.

4. Envolver a sua comunidade local, estimulando as pessoas a aderirem em número cada vez maior à causa do desenvolvimento sustentável. Existem exemplos pelo mundo afora que utilizam a prática das artes ou competições esportivas de crianças, despertando nelas o senso da beleza e da realização pessoal. Dessa forma, cultuando as tradições locais, é mais fácil envolver as escolas e famílias vizinhas na arrecadação de recursos para promover, por exemplo, o saneamento do bairro pela coleta do lixo.

5. Promover o desenvolvimento sustentável por meio de sites de relacionamento, que constituem as ferramentas mais avançadas da internet para apoio e conscientização social. Não devemos medir esforços no sentido de nos interligarmos às redes sociais, escolas e locais de trabalho visando articular variadas comunidades, todas envolvidas com um mesmo objetivo.

6. Devemos nos comprometer politicamente, exigindo de nossos políticos que honrem as promessas de preservação do meio ambiente. Para tanto, devemos buscar os políticos de nossa confiança durante as campanhas eleitorais, pleiteando seu comprometimento nos comícios e ações de marketing.

7. Envolver o seu local de trabalho: toda empresa pode contribuir para o desenvolvimento sustentável. Para tanto, basta aderir às normas e aos padrões do Pacto Global das Nações Unidas. Cada empresa dispõe de tecnologias especiais, sistemas organizacionais, habilidades dos empregados que podem contribuir para o cumprimento das Promessas do Milênio. Os clientes e fornecedores também

devem aderir à causa das empresas que levam a sério essas responsabilidades.

8. Agir na vida pessoal conforme os padrões das Promessas do Milênio. Devemos buscar contato com diferentes países, culturas e classes sociais para garantir um consenso em torno dos interesses comuns de nossa geração. Seja líder entre os seus colegas. Seja um consumidor responsável, dando preferência aos produtos e tecnologias que apoiem a sustentabilidade. Os maiores desafios da nossa geração, quanto ao meio ambiente, à demografia, à pobreza e à política global também constituem as nossas oportunidades mais estimulantes.

Queremos ainda dar especial destaque à questão do aquecimento global. O aumento inusitado das temperaturas constitui, sem dúvida, um dos grandes sinais de que o mundo está passando por mudanças climáticas. Em meio a todo o alarde feito em relação a isso, no entanto, chama-nos a atenção o fato de que o fenômeno é útil e necessário, até certo ponto. De certa forma, o efeito estufa e o aquecimento global servem para viabilizar a vida na Terra, mas o que muda, destacam os físicos, é a relação humana com esse processo, que sofreu dois impactos importantes.

O primeiro impacto foi causado por nossos ancestrais nas cavernas, que começaram a dominar o fogo e com isso geraram vários tipos de gases provenientes das queimadas, aumentando progressivamente a concentração de dióxido de carbono na atmosfera.

O segundo impacto seria a Revolução Industrial, a partir da qual o homem teria passado a explorar cada vez mais os recursos naturais e também a descartar indiscriminadamente, no meio ambiente, os resíduos dos processos industriais. Também como consequência da revolução vieram as grandes explosões demográficas, as concentrações nos grandes centros urbanos e por aí vai.

A questão do aquecimento, apesar de estar em destaque em todos os jornais e revistas ultimamente, não é nova tampouco. As mudanças climáticas tiveram início na formação do planeta, e a ciência acompanha essas alterações há muitos anos. No entanto, o processo de aquecimento se intensificou recentemente. Dos 12 anos mais quentes registrados a partir de 1850, 11 ocorreram depois de 1995. Além disso, ocorre um atraso entre a descoberta científica e sua divulgação na mídia. Falta também, segundo especialistas, uma análise mais intensa por parte dos meios de comunicação, que na opinião deles se concentram em cobrir eventos sobre o clima enquanto eles estão em andamento, mas pouco divulgam as conclusões. Cito como exemplo o Painel Intergovernamental de Mudanças Climáticas (IPCC). De qualquer forma, quanto mais os cientistas pesquisam, mais eles descobrem, e com isso, naturalmente, as considerações a respeito do aquecimento global têm aparecido cada vez mais na mídia.

O aquecimento global é o grande problema climático do planeta atualmente, mas não o único, já que dá origem a outras transformações no meio ambiente e no clima. Ao observarmos a biodiversidade, verificamos como consequências graves o desaparecimento de algumas espécies de animais, especialmente os anfíbios, que dependem tanto do ambiente aquático como do terrestre. Se estivermos mudando as relações climáticas no mundo, esses ambientes sofrem. E, se sofrem tanto o aquático quanto o terrestre, os anfíbios sofrem duplamente. Outra consequência das alterações do clima é a falta de uma sazonalidade definida, bem diferente de anos atrás, quando as características de cada estação eram bem marcadas.

As queimadas contribuem bastante para trazer problemas para o meio ambiente, na medida em que eliminam um material que se mistura à atmosfera e depois volta ao solo de uma forma sempre prejudicial à natureza. A chuva ácida e a chuva negra — fenômeno que costuma se seguir às explosões nucleares — são exemplos dessa devolução de dejetos através de fenômenos naturais. Esses detritos que caem em forma de chuvas podem atingir qualquer lugar, inclusive as regiões cobertas por gelo, o que representa uma ameaça significativa ao meio ambiente: vários pesquisadores já se depararam com esse tipo de material depositado sobre o gelo em suas viagens, e alertam para o fato de que, como a cor branca das superfícies geladas do planeta contribui para refletir os raios solares, se um dia essas partes ficarem escuras, por estarem cobertas de poluentes, perderão essa importante capacidade. Ao se pensar que as queimadas podem ocorrer de forma natural e acidental, mas também costumam ser provocadas pelo homem, tem-se um bom exemplo de como pode ser a relação humana com o aquecimento global.

Como afirmou o IPCC, a situação gerada pelo aquecimento global é um processo irreversível. Se o mundo parasse de emitir gases poluentes hoje, a normalização só poderia ser observada daqui a alguns milhares de anos. Mas, embora os pesquisadores afirmem que, mesmo que fossem tomadas atitudes drásticas, os problemas climáticos não seriam resolvidos de forma imediata, não se pode pensar que nada deve ser feito para mantê-los sob controle.

Algumas ideias que já foram divulgadas pela mídia como sugestões para conter o aquecimento, como a colocação de trilhões de pequenos discos espelhados para desviar uma pequena porcentagem de raios solares, ou o armazenamento de oxigênio sob o solo, devem ser consideradas próximas à ficção científica. Não acredito em soluções tecnológicas mirabolantes, acredito mais em soluções propriamente ambientais. Uma boa medida, de custo provavelmente mais baixo do que uma solução com tecnologia tão avançada, seria, por exemplo, o replantio de áreas desmatadas, que resultaria em uma nova cobertura vegetal para o planeta. Isso equilibraria o dióxido de carbono na atmosfera, levaria a uma diminuição do efeito estufa e, consequentemente, à redução de algumas consequências do aquecimento global. Outras contribuições simples que poderiam partir de cada indivíduo seriam, por exemplo, a diminuição do consumo de água e de energia no dia a dia, fechando-se uma torneira ao escovar os dentes ou usando-se um ferro ligado para passar várias roupas de uma vez. Dessa forma, haveria uma reeducação da população em relação ao cuidado e à preocupação com o ambiente.

A relação custo-benefício das energias renováveis ainda não está equilibrada e precisa ser estudada, mas não há dúvidas de que o mundo deve investir nessas formas de energia menos prejudiciais ao meio ambiente, também como forma de conter o aquecimento global.

Finalmente, para os brasileiros que por vezes se consideram livres das consequências trazidas pela aceleração do aquecimento do planeta, lembro que o mito de que o Brasil é um país abençoado, livre dos efeitos alterações climáticas, é logo refutado quando se observa fenômenos como a violenta seca que atingiu recentemente o Amazonas e as fortes tempestades que atingiram o sul do país. São consequências dessas mudanças, e mostram que essas coisas estão acontecendo perto da gente também.

Considerações finais

Podemos afirmar que a relação do ser humano com o meio ambiente vai mal, e que o deslocamento do sentimento em relação à ação efetiva ainda persiste em muitas populações, resultante de um conjunto de associações errôneas e incorporação de conhecimentos que não correspondem à realidade. Mas deve ser reconhecido que uma caminhada rumo à transformação (para melhor) está acontecendo. Não faz muito tempo, as pessoas sequer conseguiam distinguir um conceito como a ecologia da problemática ambiental natural e urbana.

Por uma via dolorosa — perda de vidas e de patrimônio — a consciência ambiental emerge diante da própria vulnerabilidade humana. Os cidadãos vão, aos poucos, se dando conta de que toda agressão ao meio ambiente retorna para ele. O lixo jogado nas ruas e córregos, por exemplo, volta na forma de enchentes e deslizamentos. O desmatamento traz de volta a desertificação, a pobreza dos solos, a seca dos rios. O abuso de produtos químicos, como agrotóxicos e resíduos industriais, contamina os rios, os solos, a fauna e a flora.

O individualismo em busca do bem-estar e o consumismo excessivo contribuem para o aumento das disparidades sociais e da violência. A inversão de valores que a sociedade de consumo impõe aos homens traz muitas vezes desequilíbrios que só agora se sabe serem tão desastrosos.

Muito se escuta sobre a destruição do planeta. Na mídia, nos encontros onde o tema é a preservação do meio ambiente, nos círculos de conversa, todos falam da importância de preservar o planeta. Ora, o planeta não corre risco de extinção, e, portanto, não precisa ser preservado. Desde o início de sua existência o planeta Terra passou por grandes transformações, e o planeta apresenta uma resiliência enorme. Quem não a possui é o *Homo sapiens*.

O processo multidimensional da globalização produziu e precipitou uma das mais graves preocupações para os cientistas da área ecológico-ambiental, referente à capacidade de suporte da Terra e à viabilidade biológica da espécie humana. É crescente o número de indivíduos que passam a ocupar o mesmo nicho dentro da biosfera, ou seja, cada vez mais pessoas adotam os mesmos padrões de consumo dos anos 1960 em todo o mundo, exercendo pressões crescentes sobre uma mesma categoria de recursos finitos cuja velocidade de regeneração não está sendo observada.

O ser humano é cosmopolita, sem dúvida. Em qualquer parte do planeta existem seres humanos vivendo e se adaptando. Mas a espécie, nos moldes que se encontra atualmente, não conseguiria se adaptar e evoluir na velocidade com que as mudanças ambientais vêm ocorrendo. O aumento da temperatura, a elevação do nível dos oceanos, os altos índices de poluição das águas e do ar, entre tantos outros problemas como a falta de alimentos e a superpopulação, resultarão na formação de um planeta Terra que se renovará e continuará existindo, sem dúvida, mas que talvez não seja mais compatível com a existência dos seres humanos.

As teorias ecológicas ditam que o resultado das interações dessa natureza normalmente se traduz em aumento da competição, estresse, migração ou extinção. A presente situação global aproxima o indivíduo humano dos indivíduos de espécies com estresse ecossistêmico.

Portanto, quando é reclamada a todos os homens uma mudança de atitude no padrão de suas relações com o meio, não se espera que brote um sentimentalismo para com as árvores plantadas em frente às suas casas (claro que o sentimento de amor ao meio ambiente só engrandece o ser). Mas espera-se que o ser humano saiba que, sendo um protetor do meio ambiente, ele está lutando contra sua própria extinção. Da sobrevivência do meio ambiente depende a sobrevivência do ser humano.

Entende-se por consumo sustentável o consumo de bens e serviços promovido com respeito aos recursos ambientais, que se dá de forma a garantir o atendimento das necessidades das presentes gerações sem comprometer o atendimento das necessidades das gerações futuras. A promoção do consumo sustentável depende de que os indivíduos se conscientizem da importância de se tornarem consumidores responsáveis. Depende ainda de um trabalho voltado para a formação de um consumidor-cidadão.

Esse trabalho educativo é essencialmente político, pois implica a tomada de consciência pelo consumidor de seu papel de ator de transformação do modelo econômico em vigor em prol de um novo sistema, de uma presença mais equilibrada do ser humano na Terra.

O consumidor é ator de transformação, já que tem em suas mãos o poder de exigir um padrão de desenvolvimento socialmente justo e ambientalmente equilibrado. E como isso seria possível?

Consciente das implicações dos seus atos de consumo, o consumidor enquanto ator social passa a compreender que está ao seu alcance exigir que as dimensões sociais, culturais e ecológicas sejam consideradas pelos setores produtivo, financeiro e comercial em seus modelos de produção, gestão, financiamento e comercialização. Não é uma tarefa simples, pois requer uma mudança de posturas e atitudes individuais e coletivas no cotidiano.

Um dos desafios que se coloca é que a sociedade

abandone o hábito do descarte e do consumo excessivos, recusando o sonho americano como sinônimo de bem-estar e de felicidade. Já pensou o que seria do planeta se os chineses adotassem o padrão de motorização norte-americano de um veículo para cada dois habitantes? A Terra certamente não resistiria.

Existe uma enorme dificuldade de compreensão de que a sociedade do consumismo gera enormes pressões sobre o meio ambiente, já que não existe produto que não contenha material oriundo da natureza; portanto, sua produção depende da exploração dos recursos ambientais e não há descarte de rejeitos que não volte para a Terra. Enfim, o que se propõe é uma mudança de paradigma, de busca de equilíbrio nas relações de produção e consumo para todos.

Fica evidente, quando se estuda a questão do consumo sustentável, que existe uma grande desigualdade no poder de consumo ao se comparar diferentes segmentos de uma sociedade e, ainda, diferentes sociedades. Muitas sociedades não atingiram padrões de consumo condizentes com a manutenção das condições mínimas de dignidade humana, como ocorre em muitas regiões da África, da Ásia, da América Latina e do próprio Brasil, onde sequer a alimentação básica está garantida para milhões de famílias.

De acordo com dados da Organização das Nações Unidas (ONU), 20% daqueles com maior renda no mundo são responsáveis por 86% dos gastos totais com consumo de bens, enquanto os 20% mais pobres têm acesso a apenas 1,3% dos bens de consumo. É preciso que se encontre um equilíbrio na distribuição dos frutos do progresso material, científico e tecnológico entre os povos do mundo.

Ao se tratar do consumo sustentável, cabe a ressalva de que se faz necessária uma alteração do padrão de consumo insustentável dos mais ricos e a adequação dos padrões de consumo dos mais pobres a patamares mínimos de dignidade social. Ou seja, busca-se a implantação dos conceitos de equidade e justiça social.

As iniciativas educacionais para o consumo sustentável podem se realizar no âmbito de todas as disciplinas dos currículos do Ensino Fundamental e Médio, bem como no nível superior e de iniciativas informais. Como tema transversal do ensino, o meio ambiente engloba a questão do consumo sustentável que deve ser abordada de forma holística, por se tratar de uma postura de cidadania.

A formação de um consumidor-cidadão implica necessariamente uma nova postura diante do ato de consumir e depende da produção de mais conhecimento sobre o tema do consumo sustentável, relativamente pouco sistematizado no Brasil e no exterior. Depende também de campanhas por parte da sociedade organizada, que deve exigir padrões de produção que respeitem a natureza e a saúde humana.

A grande mídia também deve aderir à causa. Esse é um tema que acompanha as discussões relativas ao meio ambiente ecologicamente equilibrado e nasceu principalmente como uma demanda do movimento ambientalista, que passou a questionar o modelo de desenvolvimento econômico atual, altamente baseado na exploração irracional dos recursos naturais.

A seguir sugerimos as disciplinas que devem ser incluídas nos currículos escolares do Ensino Médio e Ensino Superior, para preparar os jovens desde cedo acerca dessa temática. Algumas abordagens são sugeridas a partir de alguns problemas elencados.

Poluição do ar

Dois poluentes relacionados à queima de combustíveis fósseis, o ozônio e o material particulado, causam grandes riscos à saúde humana. Há estimativas da Califórnia de que três mil mortes no Estado são causadas anualmente por inalação de material particulado, e cerca de 60 mil a 200 mil casos de infecções respiratórias são causados por inalação de material particulado e ozônio.

Os poluentes atmosféricos não afetam apenas as pessoas das grandes cidades. São levados pela ação do clima a outras regiões e se depositam sobre o solo e a água, causando acidez. Esse problema só pode ser contornado mediante a imposição de medidas drásticas que devem ser planejadas com a sociedade e implantadas pelos governos, visando à diminuição da emissão de poluentes atmosféricos. Na Região Metropolitana de São Paulo, por exemplo, entre 1995 e 1998, foi realizada a Operação Rodízio, que visava diminuir os níveis de emissão de poluentes originários da queima de combustíveis dos automóveis. Essa operação de iniciativa governamental permitiu a redução da emissão dos poluentes e obteve sucesso graças à adesão dos cidadãos motorizados, que podemos apelidar também de consumidores-cidadãos. Apesar do sucesso em termos de redução de poluentes e de opinião pública, os governantes, por vários motivos, engavetaram a iniciativa.

Foi noticiado recentemente na imprensa que a Ford vai construir caminhões ecologicamente corretos. A montadora Ford ganhou um contrato do Serviço Postal dos Estados Unidos para construir pelo menos 500 caminhões de entrega movidos à energia elétrica, num esforço de desenvolver uma frota ecologicamente correta. A expectativa anunciada pela imprensa é de que o Serviço Postal compre pelo menos 4,5 mil caminhões, podendo este número chegar a seis mil. O custo estimado de cada veículo é de aproximadamente US$ 39.000 (Financial Times, 1999). A tendência de produção de veículos movidos à energia elétrica vem se firmando nos Estados Unidos (Califórnia), Europa e Japão. Alguns países (EUA e Japão) já aprovaram leis obrigando que uma porcentagem dos carros que saem das montadoras de veículos seja não poluente.

A conscientização do consumidor por meio de

iniciativas educativas pode incluir o questionamento de posturas relativas aos seus atos de consumo e implicações sobre a qualidade do ar. Um consumidor consciente pode promover algumas medidas para minimizar a poluição do ar, optando por hábitos como:

— Escolher um local de moradia que minimize sua necessidade de transporte para consecução de atividades diárias.

— Pensar duas vezes antes de comprar o primeiro e o segundo carro.

— Optar por um veículo que seja menos poluente (ou até gere emissões zero ou próximas de zero, como algumas opções que estão surgindo nos Estados Unidos ou na Europa, movidos a hidrogênio ou eletricidade).

— Estabelecer metas concretas de redução de viagens.

— Sempre que possível, optar por caminhar, andar de bicicleta ou utilizar transporte público ou táxi.

— Mobilizar-se e exigir das autoridades a construção de sistemas de transporte público compatíveis com suas necessidades.

Mudanças do clima no planeta

Há evidência e consenso científico de que o planeta teve sua temperatura elevada nos últimos cem anos, um fenômeno batizado como "efeito estufa". A temperatura mais elevada causa uma série de impactos ambientais, como o degelo de calotas polares, que causa o aumento do nível dos oceanos (que podem impactar zonas costeiras). O aumento da temperatura pode ainda alterar os habitats, causando impactos sobre os ecossistemas e a cadeia da vida nesses locais. Outros impactos são o aumento dos níveis de pluviosidade em alguns pontos do planeta e a incidência de maior seca em outros. O consumidor-cidadão, preocupado em conter esse problema, pode atuar em várias frentes.

Eis alguns questionamentos que podem ser abordados em sala de aula ou em iniciativas educativas na formação do consumidor:

— Evitar o consumo de combustíveis fósseis em demasia, ou seja, utilizar o transporte individual apenas para o estritamente necessário, buscando alternativas de transporte como carona, transporte público, andar a pé.

— Procurar alternativas energéticas que não causem a emissão de gases efeito estufa, como a instalação de painéis solares para geração de energia.

— As indústrias podem construir geradores de energia utilizando fontes alternativas, como água, vento, álcool, energia solar.

— Minimizar o consumo de energia elétrica, principalmente nos países em que a matriz de geração de energia é baseada na queima de combustíveis fósseis, como petróleo ou carvão.

— Promover campanhas de coleta seletiva no local de trabalho, lazer e em casa. A redução do volume dos lixões pode implicar a redução da formação do metano, gás de efeito estufa.

Alterações de habitats

Os seres humanos historicamente têm exercido enorme pressão sobre a natureza, explorando os bens ambientais de forma avassaladora e irracional para a produção de seus bens de consumo. A consequência disso tem sido a destruição e a alteração de habitats.

Dentre as principais atividades destruidoras de habitats destacam-se a exploração de madeira, mineração, agricultura, pesca marinha, alteração e canalização de cursos hídricos, expansão de malhas urbanas. Isso tem acarretado o declínio de populações da fauna e da flora e o desequilíbrio de inúmeros ecossistemas.

Algumas ações têm sido executadas principalmente por governos e organizações não governamentais para reverter, ou ao menos minimizar os danos causados pela ação antrópica sobre a natureza. Essas ações visam conservar habitats naturais ou recuperar áreas degradadas.

Isso beneficia não só a fauna e a flora, mas também os seres humanos, que dependem do equilíbrio da vida no planeta para sua própria sobrevivência.

Dentre as ações que podem ser executadas pelo cidadão, por empresas ou governos para reverter esse quadro, sugerimos algumas:

— Procurar envolver-se como voluntário ou profissionalmente com programas de governo ou de organizações não governamentais de proteção e conservação da biodiversidade.

— Promover técnicas de agricultura, mineração e utilização de recursos naturais que sejam menos impactantes sobre o meio ambiente.

— Estabelecer nas propriedades rurais grandes áreas de reflorestamento e conservação da natureza, o que pode beneficiar a propriedade pela melhoria da qualidade do solo, pela geração de água, de um microclima agradável e beneficiar a sociedade como um todo pelo aumento da área vegetada e preservada, o que repercute sobre vários aspectos da vida.

— Criação por parte dos governos de unidades de conservação públicas (áreas de proteção ambiental).

— Transformar propriedades privadas em áreas de preservação permanente (exemplo: por meio da criação de um parque particular, que no Brasil recebe o nome de Reserva Particular do Patrimônio Natural, mediante consulta ao IBAMA — Instituto Brasileiro do Meio Ambiente e dos Recursos Naturais Renováveis).

— Evitar consumir bens que resultaram de exploração inadequada da natureza, o que pode ser verificado pelos diferentes métodos de certificação ambiental (exemplo: evitar objetos provenientes de animais ameaçados de extinção, do corte de madeira ilegal ou sem manejo florestal adequado, alimentos produzidos com uso intensivo de agrotóxico, entre outros).

Poluição das águas

Diversas são as fontes de poluição que contaminam os recursos hídricos. Os efluentes resultantes de atividades agrícolas, industriais e comerciais, bem como os dejetos gerados pelos seres humanos, têm sido lançados historicamente na vala comum dos rios. Apesar de as leis ambientais de controle da poluição das águas terem evoluído ao longo dos tempos, isso não impediu o lançamento constante de enormes volumes de rejeitos industriais, agrícolas e domiciliares nos cursos hídricos, que tiveram sua qualidade de água comprometida e seus usos limitados.

A água é um recurso fundamental para a subsistência de todas as formas de vida no planeta. Esse recurso indispensável vem sofrendo grande pressão em várias partes do mundo, o que deverá aumentar em função do crescimento da população e do aumento da produção agrícola e industrial. São grandes os desafios para o gerenciamento do recurso água, que envolve a solução de problemas como a escassez, a degradação de sua qualidade e a alocação adequada do seu uso.

Os recursos hídricos estão distribuídos pelo planeta de forma desigual: alguns países os têm em abundância, outros são sujeitos à escassez. É assustador imaginar, segundo dados da ONU, que metade dos 12.500 quilômetros cúbicos de água doce disponíveis no planeta já estão sendo utilizados, considerando-se que a população mundial deverá dobrar nos próximos 50 anos e que na década de 1990 o nível de consumo da água cresceu duas vezes mais que o nível de crescimento da própria população.

Segundo estudo recente da ONU (1997), intitulado "Comprehensive Assessment of the Freshwater Resources of the World" [Análise dos Recursos de Água Doce do Mundo], cerca de 460 milhões de pessoas, mais de 8% da população mundial, vivem em países com séria falta de água. Outra quarta parte da população mundial vive em regiões que deverão sofrer futuramente séria falta desse recurso.

Atualmente, cerca de um quinto da população mundial não tem acesso à água em condições de potabilidade e um terço da população mundial não tem acesso a saneamento básico. A Organização Mundial de Saúde estima que mais de 5 milhões de pessoas morrem por ano devido a doenças relacionadas ao consumo de água não potável e à falta de acesso a saneamento básico e condições de higiene adequadas. Esses números incluem 3 milhões de crianças que morrem de doenças diarreicas, transmissíveis pela água.

O acesso à água doce é um dos mais graves problemas ambientais, econômicos e de saúde que afetam os países em desenvolvimento. A falta de água e sua poluição causam problemas graves de saúde pública, limitam o desenvolvimento econômico e agrícola e prejudicam os ecossistemas.

A manutenção de estoques de água potável para consumo humano (na agricultura, nas casas e na indústria) e para o equilíbrio dos ecossistemas é um desafio crescente para muitas sociedades. A alocação dos recursos hídricos para esses diferentes usos também tem se tornado bastante complexa. Algumas estimativas demonstram que no ano 2025, quando a população mundial provavelmente terá atingido a cifra de oito bilhões de pessoas, toda a água acessível no mundo para consumo será necessária para atender às necessidades de produção agrícola, uso doméstico e industrial e para o atendimento das necessidades dos ecossistemas.

O primeiro grande desafio que se coloca para a humanidade é a tomada de consciência de que não existe um suprimento inesgotável de água potável no planeta. Algumas medidas devem ser promovidas para garantir o suprimento de água em quantidade e padrões aceitáveis. O grande desafio da atualidade reside em reduzir o nível de degradação da água por meio de medidas como conservação, melhoria do saneamento básico, redução da utilização de pesticidas, produção industrial mais limpa e gerenciamento do consumo.

Eis algumas medidas citadas pela organização não governamental "Consumers International" sobre esse tema que podem ser promovidas pelos consumidores de água:

— Instalar válvulas hídricas amplamente comercializadas no mercado nas casas e nos locais de trabalho que permitem a economia de água nas torneiras, nos chuveiros e nas descargas.

— Promover campanhas para a conscientização sobre o valor econômico e social da água, estímulo ao seu uso racional e proteção de sua qualidade.

— Fazer campanhas para aprovação de leis de proteção dos recursos hídricos visando à garantia de sua qualidade e quantidade, inclusive por meio do estabelecimento de valor econômico para o bem água e de sua cobrança.

— Buscar fontes alternativas de água (exemplo: dessalinização da água do mar).

— Desenvolver novas técnicas de economia de água para utilização na produção agrícola.

Algumas outras medidas pertinentes, principalmente no caso do Brasil, onde prevalece o equivocado conceito de que temos água em abundância, seriam: (1) evitar hábitos de lavagem de calçadas, quintais e carros em demasia; e (2) como já mencionamos, deixar a torneira fechada ao escovar os dentes, tomar banho, lavar louça, fazer faxina e até lavar a roupa, quando não houver necessidade de deixar a água correndo.

Uma vez entendidos e assimilados todos os temas abordados nesta publicação, atrevo-me ainda a destacar, junto ao prezado leitor, algumas recomendações especiais, como se segue:

Reflorestamento

Este tema merece considerações adicionais em virtude de sua abrangência em relação à biodiversidade, que exige uma atenção especial na seleção das espécies mais apropriadas para essa finalidade.

Como já sabemos, as florestas são ecossistemas de grande importância ambiental, e historicamente foram a base do desenvolvimento das diversas civilizações. São fontes de inúmeros produtos indispensáveis para o ser humano, como madeira, alimentos, substâncias medicinais e fibras; além disso, purificam a água e regulam o clima. Agem como uma proteção contra desastres naturais, controle da erosão, polinização das flores pelas abelhas, fertilização do solo pelas fezes dos animais e decomposição de animais e plantas por micro-organismos. Os sistemas fluviais disponibilizam água doce, energia e recreio. As zonas úmidas costeiras filtram os resíduos, mitigam as cheias e servem de viveiro para a pesca.

Cerca de 1,6 bilhões de pessoas hoje ganham a vida em alguma atividade ligada às florestas, e cerca de 60 milhões de indígenas em todo o mundo dependem exclusivamente delas para sua subsistência.

As florestas preservam e purificam as águas doces, impedem a erosão do solo, produzem boa parte do oxigênio da atmosfera e reciclam o gás carbônico, e contribuem na regulação do clima e do regime de chuvas. Poderíamos ainda citar muitos outros efeitos benéficos para a manutenção do equilíbrio ecológico da Terra, do qual o bem-estar e mesmo a sobrevivência do homem também dependem diretamente. As florestas tropicais, em particular, estão entre os ecossistemas com maiores índices de biodiversidade do mundo. Desta forma, como é lógico, o desaparecimento das matas desencadeia inúmeros efeitos negativos sobre o equilíbrio do ambiente global e também sobre a vida humana, em seus aspectos econômicos, sociais, culturais e mesmo biológicos, afetando virtualmente todas as pessoas do mundo, direta ou indiretamente.

O reflorestamento propriamente dito é a regeneração natural ou intencional de florestas e matas que foram esgotadas anteriormente, geralmente devido ao desmatamento. Pode ser usado para a manutenção de matas ciliares, para reconstruir habitats naturais e ecossistemas, melhorar a qualidade de vida humana por meio da absorção da poluição e da poeira do ar, mitigar o aquecimento global por meio do sequestro de carbono da atmosférica e para a extração vegetal.

Segundo uma estimativa da FAO, entre 2000 e 2010 o mundo perdeu cerca de 130 milhões de hectares de florestas, mas ganhou de volta 78 milhões de hectares em reflorestamentos naturais ou induzidos. No entanto, as áreas reflorestadas de forma natural ou artificial costumam divergir muito em suas características e nos serviços ambientais que oferecem.

Os reflorestamentos humanos geralmente ficam muito longe de recompor integralmente a biodiversidade primitiva, especialmente no caso das florestas tropicais e florestas jovens, que, mesmo recuperadas naturalmente, são muito distintas em relação às maduras em termos de composição e densidade vegetal, e também de biodiversidade.

A restauração florestal é a ciência, prática e arte de assistir e manejar a recuperação da integridade ecológica dos ecossistemas, incluindo um nível mínimo de biodiversidade e de variabilidade na estrutura e funcionamento dos processos ecológicos, considerando seus valores ecológicos, ambientais e sociais.

Entre os diferentes métodos baseados na sucessão ecológica, devemos dar preferência ao plantio de mudas de espécies florestais nativas, adequados à ocorrência regional das espécies, às características da área de abrangência de cada projeto e ao conceito de grupo ecológico Essa classificação compreende três grupos: espécies pioneiras, secundárias e climácicas.

As espécies pioneiras têm rápido crescimento, germinam, se desenvolvem em pleno sol, e produzem muitas sementes pequenas, a maior parte dispersada por animais. Já as secundárias se destacam pela capacidade de suas sementes de germinarem na sombra, embora necessitem de luz para se desenvolver. As climácicas, por sua vez, crescem lentamente, germinam e se desenvolvem na sombra e produzem sementes grandes.

Para ser bem-sucedida, uma restauração florestal depende de vários fatores, como o preparo adequado da terra, o plantio correto e a distribuição equilibrada de espécies. Tudo isso contribui para a manutenção da área restaurada.

A seleção das áreas de plantio é outro fator estratégico para o sucesso de uma restauração florestal. Além das Áreas de Preservação Permanente e das áreas de Reserva Legal, as áreas a serem restauradas são determinadas de acordo com critérios como a conservação dos recursos hídricos, a proximidade com outras áreas protegidas de determinada mata (para que aconteça a conectividade de fragmentos) e a manutenção da biodiversidade.

Para funcionar, devemos apostar na restauração florestal que visa recuperar a integridade ecológica dos ecossistemas, usando espécies nativas e adequando-se à ocorrência regional das espécies e às características locais. Assim, um fator estratégico do programa é a seleção das áreas de plantio, que além de Reservas Legais e Áreas de Preservação Permanente (APPs) devem ser importantes para a conservação da água e a conectividade entre fragmentos.

Os maiores objetivos são: apoiar as iniciativas locais de restauração de áreas, por meio do fomento e doação de mudas de árvores nativas da região em pauta; fomentar a coleta de sementes florestais e a produção de mudas; contribuir para a restauração de APPs; controlar os processos erosivos; controlar o assoreamento dos corpos d'água; formar corredores ecológicos entre os diferentes fragmentos florestais; e mobilizar a sociedade civil para participar de projetos de restauração florestal.

Além disso, as ações promovem o empreendedorismo e geram trabalho e renda em viveiros florestais e nos processos de plantio das mudas; finalmente, promovem a capacitação de técnicos, especialistas, agentes comunitários, professores e mão de obra para trabalho com restauração florestal, fortalecendo uma ampla rede de apoio à recuperação do bioma.

Cabe ainda ressaltar que, caso a restauração seja praticada no entorno das bacias de abastecimento d'água das cidades e nas áreas de preservação permanente, ao longo dos rios e córregos que abastecem esses reservatórios, com certeza a falta de água terá um impacto menor para a população.

Cito, como exemplo, o estudo do ambiente natural de regiões como a Cantareira levado a cabo há mais de 30 anos pelo Instituto de Pesquisas Ecológicas (IPÊ), sediado em Nazaré Paulista. De acordo com levantamento feito pela ONG, 49% do entorno da represa foram ocupados por pastos; outros 38% ainda são florestados, e em 8% a mata está em recomposição. Os restantes 5% estão tomados por eucaliptos. Se a mata ainda estivesse lá, é possível que a situação da Cantareira não tivesse se agravado tanto como ocorreu recentemente. O solo florestado funciona como uma esponja e favorece a lenta infiltração da água para o lençol freático que ajuda a encher as represas. Sem a cobertura das árvores, a água escorre mais rapidamente pelo terreno, causando erosão e provocando enchentes mais à frente.

A ocupação do solo em áreas de mananciais é um grave problema a ser enfrentado nas próximas décadas. Mais que obras de engenharia para buscar água cada vez mais longe de onde é consumida, a recuperação ambiental, a conservação dos mananciais e a redução do desperdício formam o tripé capaz de impedir que a água acabe em áreas muito populosas.

Edificações

Outra recomendação importante se refere à construção de prédios e casas. Parece-nos que num primeiro momento nada surgiu de novo em relação a essa atividade, mas se refletirmos sobre o meio ambiente, água e energia, veremos que é importante a inclusão dos métodos de construção de prédios e casas, utilizando projetos que permitam a utilização racional da água e propiciem a geração de energia elétrica limpa, tendo, como consequência imediata, a redução do consumo de energia.

Neste sentido, seguem alguns detalhes para apreciação de toda a população, e em especial dos arquitetos, para que adotem o que podemos chamar de arquitetura sustentável:

— Captação da água da chuva dos telhados: a água deverá ser empregada na descarga de sanitários e limpeza em geral. Com um tratamento bastante econômico, poderá ser também empregada na lavagem de roupa e banho.

— Telhado com cobertura de grama apropriada: isso permitirá a manutenção da temperatura ambiente nos diversos cômodos, além de proteger o prédio ou casa contra intempéries como granizo e vendavais.

— Janelas com vidro duplo nas regiões de temperaturas extremas: esse processo permite manter a temperatura ambiente interna por um maior espaço de tempo, evitando, assim, o uso exagerado de equipamentos elétricos para obter a temperatura adequada.

— Instalação de equipamentos na cobertura para a geração de energia elétrica a partir dos ventos ou da energia solar, conforme a localização.

O telhado verde ou telhado vivo, em especial, constituído de vegetação e outras camadas, como solo e uma membrana impermeável, oferece muitas vantagens: (1) mantém o calor no interior durante o frio e em dias quentes protege do calor intenso, mantendo o ambiente fresco. O calor do Sol é absorvido pela fotossíntese; (2) permite o uso da cobertura verde para horticultura urbana nos prédios, possibilitando a produção de alimentos saudáveis. Através da fotossíntese e da absorção de gás carbono, os telhados verdes agem como purificadores do ar urbano; (3) reduz o volume de água da chuva que chega ao sistema de esgoto da cidade; (4) reduz a ilha de calor urbana, auxiliando no arrefecimento dos centros urbanos (evapotranspiração) e elevando significativamente o conforto ambiental das áreas urbanizadas, e (5) absorve ruídos externos, melhorando o conforto acústico no interior da edificação.

Além do telhado verde, existem ainda iniciativas similares, tais como:

— Teto-jardim: jardim criado em laje de edifícios, que além de ser decorativo e ecológico e possibilitar horticultura, é uma área de lazer do edifício ou da casa. A diferença em relação ao telhado verde é que o teto-jardim é um espaço agradável de lazer, enquanto o primeiro tenta maximizar os benefícios da cobertura vegetal.

— Resfriamento passivo: técnica de construção de edificações capazes de reduzir a temperatura sem o consumo de energia ou combustíveis, usando apenas os recursos disponíveis na área. Muitas técnicas são usadas, como a utilização de vento, exploração das propriedades dos materiais e de correntes de ar, inclusão de vegetação e pequeno lagos na construção, posição e formato de janelas, portas e telhados, dentre outras.

— Ecologia urbana: estudo ambiental de ecossistemas naturais dentro de áreas urbanas, o que inclui a interação do homem com arvores, rios e animais na cidade.

— Área verde urbana: espaços de uso comum que possuem algum tipo de vegetação e contribuem para a qualidade de vida das pessoas que moram nas cidades. Podem ser citados como exemplos os jardins públicos, as praças, parques e locais para prática de esportes. Locais cobertos por plantas, ao contrário das áreas com cimento ou asfalto, permitem que a água da chuva penetre no solo, evitando a ocorrência de enchentes.

Além do mais, as plantas auxiliam a diminuir a poluição do ar que respiramos, tornam o clima nas cidades mais úmido e fresco e dissipam a poluição sonora. Realizar atividades de lazer em locais arborizados e com jardins é agradável e ajuda as pessoas a relaxar.

— Área protegida: também chamadas de reservas ecológicas, são áreas geográficas protegidas pelo governo contra a ação do homem e possuem grande biodiversidade de animais e vegetais. Existem também os parques ecológicos, que apesar de terem um ecossistema protegido, são áreas abertas à visitação de pessoas (turistas) que desejam ver a natureza ou realizar atividades na mata.

Temos também povoações onde as pessoas vivem em harmonia com o meio ambiente, preservando o ecossistema local e usando fontes de energia renovável; a produção de alimentos é local e orgânica, destinada à subsistência. Encontram-se ainda seres humanos sugerindo que deveríamos viver em sociedades pequenas, ao invés de sociedades em massa. Em povoações menores, as pessoas viveriam e teriam relações mais coletivas, em substituição ao individualismo existente nos grandes centros urbanos. A consequência desse modo de vida para o meio ambiente é que, com as pessoas vivendo em povoações pequenas, não teriam necessidade de se deslocar usando veículos motorizados.

Saneamento básico: lixo

Em suas diversas atividades, os seres humanos produzem grande quantidade de lixo. Esteja onde estiver, o ser humano produz resíduos: em casa, nas indústrias, nos estabelecimentos comerciais, nas escolas, nos hospitais ou no campo, cultivando alimentos ou criando animais. As atividades domiciliares geram grandes quantidades de resíduos provenientes de embalagens, sobras de alimentos, papel utilizado em higiene. Esgotos e águas contendo detergentes e outros produtos químicos também saem das residências.

O lixo precisa ser armazenado em algum depósito e é prejudicial ao meio ambiente, porque, além de matéria orgânica, contém materiais inorgânicos que podem poluir as águas e ter efeito tóxico. Nos últimos séculos, o desenvolvimento de novas tecnologias e a adoção de um modelo econômico baseado na produção e no consumo em grande escala incrementou a produção de lixo. Além disso, as áreas disponíveis para deposição do lixo tornaram-se escassas, e a sujeira acumulada tem aumentado a poluição do solo, das águas e do ar, além de piorar as condições de saúde das populações.

O destino do lixo seja urbano, agrícola, industrial ou mesmo atômico, representa um dos graves problemas do mundo contemporâneo. Eis algumas opções:

— Aterro sanitário. Muitas vezes o lixo recolhido por caminhões é lançado nos arredores da cidade, nos chamados lixões, para onde são destinados cerca de 80% dos resíduos produzidos pelos municípios brasileiros. Esse é o pior destino que se pode dar ao lixo, pois os resíduos permanecem a céu aberto, sem medidas de proteção ao ambiente ou à saúde pública. Favorece também a disseminação de doenças por meio de insetos e ratos, gera mau cheiro e, principalmente, contamina o solo, incluindo lençóis freáticos, e as águas de rios e lagos próximos.

— Lixo nas cidades. Muitas pessoas jogam lixo no chão e nos rios das cidades. O excesso de lixo jogado pode facilitar a ocorrência de enchentes.

Outro grande problema relacionado ao meio ambiente é a falta de conhecimento sobre a eliminação inadequada do nosso lixo e os riscos dela decorrentes, resultantes muitas vezes da falta de orientação na infância, e que acaba formando um adulto omisso quanto às questões ambientais.

Todo mau hábito da população, que em geral não se sente responsável e não foi educada quanto às questões ambientais, evidencia a urgência de mobilizá-la de modo a torná-la consciente da importância de se conservar um ambiente saudável no presente e para o futuro.

A escola, reconhecida como uma importante fonte de disseminação e multiplicação de conhecimento, independentemente da idade ou da situação financeira, é o ambiente escolhido para implantação de atividades relacionadas ao cuidado com o lixo, como palestras educativas, oficinas e exposição de materiais reciclados. Desta forma, pode se perceber em pouco tempo alunos bastante interessados com o destino do seu lixo e dispostos a disseminar o conhecimento adquirido. Neste sentido, é interessante alertar aos estudantes a vantagem de empregarem a prática dos quatro Rs (Reutilizar, Reduzir, Reciclar e Repensar).

Felizmente, existem soluções para dispor o lixo de maneira mais adequada, soluções estas, porém, que dependem do engajamento das pessoas e de políticas públicas que garantam o correto destino e tratamento do lixo. Vale relembrar algumas:

— Os aterros sanitários devem ter camadas impermeáveis no chão para impedir a infiltração do lixo que contamina o solo e as águas da região, além de ter teto para evitar poluição do ar.

— A compostagem, coleta seletiva e cooperativas de reciclagem permitem reusar o lixo de maneira adequada.

— A separação do lixo doméstico, hospitalar e industrial facilita o tratamento e reciclagem de materiais diferentes.

Cerca de 60% do peso dos resíduos domiciliares é composto de matéria orgânica, principalmente na forma de restos de alimento e material de poda. Essa matéria orgânica, quando não tratada corretamente nos aterros sanitários e depósitos de lixos urbanos, se torna o principal fator de contaminação dos corpos hídricos e fonte de uma diversidade de doenças que atingem as populações humanas envolvidas. A compostagem doméstica vem se mostrando uma excelente opção, uma ação imediata que pode contribuir com a redução desses danos.

A compostagem é um processo de decomposição natural e controlada de sobras de alimentos e outros materiais orgânicos em um rico nutriente, potente fertilizante natural. Entre seus múltiplos benefícios, podemos enumerar:

— Retorno dos resíduos orgânicos ao ciclo natural.

— Obtenção de adubo orgânico de alta qualidade.

— Difusão de uma solução ecológica simples e eficiente.

— Facilita a coleta seletiva.

— Reduz o volume de matéria orgânica encaminhada para os aterros e lixões, aumentando a vida útil dos mesmos.

— Reduz a quantidade de dias de coleta de lixo devido ao baixo volume.

— Reduz a poluição ambiental devido à emissão de gases gerados no deslocamento da frota coletora de lixo.

— Ameniza a poluição ambiental decorrente dos "lixões" da cidade.

Águas residuais

São águas vulgarmente denominadas "*esgoto*", termo usado para as águas que após a utilização humana apresentam suas características naturais alteradas. Conforme o uso predominante — comercial, industrial ou doméstico — essas águas apresentarão características diferentes, e são genericamente designadas como águas servidas.

A devolução das águas residuais ao meio ambiente deverá prever seu tratamento, seguido do lançamento adequado no corpo receptor. As águas residuais podem ser transportadas por tubulações diretamente aos rios, lagos, lagunas ou mares ou levadas às estações de tratamento, e depois de tratadas, devolvidas aos cursos d'água.

O esgoto pluvial, ou, simplesmente, água pluvial, pode ser drenado em um sistema de coleta próprio ou misturar-se ao sistema de esgotos sanitários.

O esgoto não tratado pode prejudicar o meio ambiente e a saúde das pessoas. Os agentes patogênicos podem causar doenças como a cólera, a difteria, o tifo, a hepatite e muitas outras. A solução é um sistema adequado de saneamento básico, que pode ou não incluir uma Estação de Tratamento de Águas Residuais, conforme o caso.

O esgoto no Brasil

O lançamento indiscriminado de águas residuais domésticas no Brasil é um dos maiores problemas ambientais e de saúde pública. No Brasil, entre 2002 e 2005, foram produzidos cerca de 32 milhões de metros cúbicos de esgoto por dia. Deste total, apenas 14 milhões foram coletados e somente 4,8 milhões de metros cúbicos de esgoto foram tratados, volume que corresponde a apenas 15% do total produzido. O serviço é estendido a apenas 44% das famílias brasileiras, e o restante é descartado nos rios de forma indiscriminada. Ainda assim, o investimento do Governo Federal é de apenas 0,04% do PIB.

Cerca de 100 milhões de brasileiros vivem diariamente sem coleta e tratamento de esgoto. Isso acarreta uma direta contaminação do solo, além de ser responsável por cerca de 30% de toda a mortalidade nacional. Em muitas cidades, o esgoto não recebe qualquer tipo de tratamento e acaba contaminando o solo, os rios, os oceanos e até mesmo os mananciais que abastecem as cidades com água.

Segundo dados da ONU, cerca de 1,1 bilhão de pessoas não têm acesso a água potável e 2,4 bilhões não dispõem de condições sanitárias básicas. A consequência disso é o aumento do número de mortes por doenças como diarreia e malária.

As águas residuais contêm basicamente *matéria orgânica* e *mineral* em solução e em suspensão, assim como alta quantidade de *bactérias* e outros organismos, patogênicos e não patogênicos. Outros produtos podem ser indevidamente jogados descarga abaixo e lançados na rede de águas residuais, como estopas, chupetas e outros materiais relacionados a crianças, objetos de higiene feminina, tais como absorventes, ou ainda produtos *tóxicos* de origem industrial, como preservativos usados, etc.

As águas residuais em decomposição anaeróbica produzem gases que, em espaços fechados, como tubulações ou estações, podem estar concentrados em níveis perigosos, exigindo o uso de material especial e equipes de resgate. O gás sulfídrico é o principal responsável pelo cheiro característico do esgoto em decomposição anaeróbica.

O método de cloração de águas residuais, já tratado previamente numa Estação de Tratamento de Esgoto (ETE), pode contribuir para a redução de patogênicos no lançamento dos efluentes. Revelou-se ser o processo de menor custo e de elevado grau de eficiência em relação a outros processos como a ozonização, que é bastante dispendiosa, e a radiação ultravioleta, que não é aplicável a qualquer situação. O gás presente mais perigoso é o *metano*, que por ser explosivo já causou a morte de alguns operários de companhias de saneamento.

Os principais tipos de energia

Todos sabem que a energia movimenta o mundo, e dela as empresas dependem para a a produção, comercialização e distribuição dos seus produtos. As pessoas também dependem da energia em suas residências e em outros meios de convívio social. Então, como última recomendação, veremos os diversos tipos de energia que nos permitem encontrar mais um caminho para a preservação do meio ambiente: energia elétrica proveniente da água, dos ventos, nuclear e da radiação solar e queima de materiais como óleo diesel e carvão.

Energia hidroelétrica

A energia hidrelétrica é aquela gerada em uma usina hidrelétrica e tem como fonte de produção a força da água em movimento. Para sua obtenção, são necessários os passos abaixo:

— Construção de enormes barragens que são criadas sob o leito de um rio com a finalidade de represar a água.

— Assim, a água que corria livremente pelo leito do rio agora começa a ficar contida pela barragem e inicia a formação de um grande reservatório.

— Enormes turbinas são instaladas nas barragens com certo desnível, permitindo que a água que passa pela barragem caia com enorme força sobre as turbinas, que são movimentadas, transformando a energia potencial em energia mecânica.

— A energia mecânica gerada nas turbinas é captada por um gerador de eletricidade, que a transforma em energia elétrica.

— A última parte do processo é a transmissão da energia, que ocorre por meio das redes de transmissão de alta tensão. Quando chega ao seu destino, a energia é transformada em baixa tensão para as residências e estabelecimentos comerciais e em média tensão para as indústrias.

Maior parte da energia gerada e consumida no Brasil é hidrelétrica, o que decorre do enorme potencial hidrelétrico do país: a abundância de rios e seus longos percursos permitiram a construção de inúmeras usinas hidrelétricas por aqui. A grande vantagem da energia hidrelétrica é que ela é limpa, ou seja, não é poluente, o que contribui para o equilíbrio ambiental.

Energia eólica

A energia eólica é talvez a bola da vez, isto é, está na moda, assim como a energia solar. É produzida usando a força dos ventos para movimentar enormes aerogeradores, que são conectados a turbinas para a geração da energia elétrica. Assim como outras energias, a eólica também é limpa e renovável, o que a torna muito atraente para os dias atuais.

Para sua produção são necessários a instalação dos aerogeradores em locais com abundância de ventos, tanto em volume como em regularidade, ou seja, não basta ter ventos fortes, é preciso que eles sejam constantes. A velocidade dos ventos precisa ser superior a 3,6 m/s.

Assim como a energia hidrelétrica, o Brasil tem um

grande potencial para a produção de energia eólica, visto que há regiões onde a presença dos ventos favorece a instalação de parques eólicos. Neste cenário, destacam-se os Estados do Rio Grande do Norte e Ceará, na região nordeste do país. Atualmente, os principais parques eólicos do Brasil são: (1) Complexo eólico Alto Sertão I no Estado da Bahia; (2) Parque eólico de Osório, no Rio Grande do Sul; e (3) Usina de Energia Eólica de Praia Formosa, no Ceará.

Energia nuclear

Usina nuclear Angra 1, RJ, Brasil.

A energia nuclear se produz a partir de uma reação denominada fissão. Segundo o Dicionário Priberam da Língua Portuguesa, para a física nuclear a fissão é a divisão de um núcleo de átomo pesado (urânio, plutônio, etc.) em dois ou vários fragmentos, determinada por um bombardeamento de nêutrons, que liberta uma enorme quantidade de energia e vários nêutrons.

Apesar de serem mais uma opção para a geração

de energia elétrica, as usinas nucleares também provocam acidentes graves no ecossistema, como ocorreu nas usinas de Three Miles Island (EUA, 1979), e Chernobyl (Ucrânia, 1986), pois com a extração do núcleo dos átomos ocorre a liberação de dejetos radioativos que alteram a constituição genética e provocam câncer, além de danificar o meio ambiente de modo incalculável.

Só no Brasil existem duas usinas nucleares em funcionamento, Angra 1 e 2, no município de Angra dos Reis, RJ.

Energia solar – térmica e fotovoltaica

O Sol é, em si, grande produtor de calor e potência, proporcionados pela radiação eletromagnética que libera. Através de processos distintos, o Sol é responsável pela geração de dois tipos de energia elétrica, a energia térmica e a energia fotovoltaica. Entendamos como funciona cada processo e como cada uma é utilizada.

A energia térmica é gerada a partir de coletores solares que, ao captar a energia provinda do Sol, a transfere à água. É utilizada geralmente em chuveiros elétricos, pois a água é totalmente aquecida quando recebe a energia térmica.

Já a energia fotovoltaica pode ser coletada de duas formas: por lâminas ou por painéis conhecidos por painéis fotovoltaicos. Ambos são compostos de um material que possui a capacidade de capturar a radiação liberada pelo Sol e produzir energia elétrica. A energia fotovoltaica tem mais uma característica interessante: pode ser utilizada diretamente ou ser abrigada em baterias, para ser utilizada quando não houver Sol.

A grande vantagem da energia provinda do Sol, térmica ou fotovoltaica, é que se trata de uma energia limpa, isto é, não ocasiona a poluição, além de dispensar a utilização das turbinas e geradores. No entanto, o custo para a realização desses processos é ainda bastante elevado.

Energia termelétrica

Conhecida também como calorífica, esta energia é resultante da combustão de materiais de fontes não renováveis, como, por exemplo, carvão, petróleo e gás natural, e também de outros de fontes renováveis, como a lenha, o bagaço de cana, etc. A energia termelétrica pode ser utilizada tanto como energia mecânica como eletricidade.

✳✳✳

Finalmente, podemos afirmar que as ações para se alcançar o consumo sustentável devem ser promovidas no nível micro e macro, ou seja, desde o lar ou local de trabalho ou estudo até as empresas e instâncias públicas, nacionais e internacionais. Os bens e serviços disponíveis no mercado devem se tornar mais limpos e eficientes, mas o padrão de consumo deve ser monitorado e controlado constantemente, para evitar um aquecimento do consumo, mesmo que de bens ecologicamente adequados.

Para alcançar esses resultados, o ponto de partida é a conscientização, a sensibilização a respeito da magnitude do problema da degradação dos recursos ambientais do planeta e suas consequências para a saúde e o modo de vida humanos.

Essa sensibilização depende de iniciativas na área da educação. O grande desafio que se coloca para os cidadãos, as empresas e os governos é buscar implantar um conjunto de medidas, diretrizes, propostas, projetos, enfim, ações no sentido de promover o consumo e a produção sustentáveis. Isso só vai se tornar possível pelo incremento das iniciativas educacionais no campo do desenvolvimento sustentável.

Além dessas iniciativas educacionais, deve-se buscar integrar uma série de instrumentos para se alcançar os fins últimos do consumo sustentável. Medidas complementares de ordem cultural, política, jurídica, econômica, científica, artística, institucional, dentre outras, devem ser amplamente promovidas e divulgadas a fim de consolidar no mundo a consciência e a prática da produção e do consumo sustentáveis.

Referências

Endereços, links na internet e fontes de consulta

(Em português)

Pessoas

Antonio Carlos de Freitas, pesquisador do Laboratório de Radioecologia e Mudanças Globais da Universidade do Estado Rio de Janeiro (Laramg/ UERJ). Faz parte de uma equipe que acompanha as mudanças climáticas mundiais fazendo com frequência viagens para a Antártida.

Rachel Biderman Furriela, advogada ambientalista, Mestre em Ciência Ambiental pela Universidade de São Paulo (1999) e Mestre em Direito Internacional, com concentração em Direito Internacional do Meio Ambiente pela Washington College of Law, Washington, D.C. (1992); formada em Direito pela Faculdade de Direito da Universidade de São Paulo (1990), integrante do corpo de advogados do Instituto Socioambiental desde 1999 e fundadora do Instituto Pró-Sustentabilidade.

Instituições

Associação de Agricultura Orgânica (AAO): Av. Fonseca Matarazzo, 455, CEP 05001-900, São Paulo, SP. Telefone (011) 263-8013. Fax (011) 263-8013. Email: organica@uol.com.br

CEMPRE. Compromisso Empresarial para a Reciclagem: http://www.brahma.com.br/reciclag/recicl96/cempre.htm.

Instituto Brasileiro de Defesa do Consumidor (IDEC): http://www.idec.org.br.

Instituto Brasileiro do Meio Ambiente e dos Recursos Naturais Renováveis: http://www.ibama.gov.br.

Ministério do Meio Ambiente, dos Recursos Hídricos e da Amazônia Legal: http://www.mma.gov.br.

(Em inglês)

Organizações

Alternatives for Simple Living [Alternativas para viver com

simplicidade]. 5312 Morningside Ave, PO BOX 2857, Sioux City, IA, USA, 51106. Site: http://www.simpleliving.org. Email: Alternatives@SimpleLiving.org

Consumers International: http://www.consumersinternational.org.

Food First: http://www.foodfirst.org.

Greenpeace International: http://www.greenpeace.org/

Organização das Nações Unidas (ONU). Programa de Desenvolvimento Sustentável/ Padrões de produção e consumo: http://www.un.org/esa/sustdev/conprod.htm.

The Center for a New American Dream. 6930 Carroll Ave, Suite 900, Takoma Park, Maryland, USA, 20912. Telefone: 1 301 891.3683. Fax: 1 301 891.3684. Site: http://www.newdream.org.

Referências bibliográficas

Brower, M. & Leon, W. (1999). *The Consumers. Guide to Effective Environmental Choices. Practical Advice from the Union of Concerned Scientists*. New York: Three Rivers Press.

Catling, L. & Hollender, J. (1995). *How to make the world a better place: 116 ways you can make a difference*. London/ New York: W.W. Norton and Company.

Christensen, K. (1989). *Home Ecology. Simple and Practical Ways to Green Your Home*. Colorado: Fulcrum Publishing.

Falk, D. (2005). *O universo numa camisa. A procura da teoria de tudo*. São Paulo: Editora Globo.

Feldmann, F. (Org.). (1997). *Tratados e organizações am-*

bientais em matéria de meio ambiente. (Série Entendendo o Meio Ambiente, vol. I). São Paulo: Secretaria de Estado do Meio Ambiente de São Paulo (SMA).

Forbes, G. (2013). *History of Astronomy.* Charleston: Nabu Press. (Trabalho original publicado em 1909).

Hawking, S. (2015). *Uma breve história do tempo.* (Kindle Edition). Rio de Janeiro: Intrinseca. (Trabalho original publicado em 1988).

Henbest, N. (2009). *A história da Astronomia.* São Paulo: Larousse.

Hunter, D.; Salzman, J. & Zaelke, D. (1998). *International Environmental Law and Policy.* (University Casebook Series). New York: Foundation Press.

Instituto Brasileiro do Meio Ambiente e dos Recursos Naturais Renováveis. (2000). *Parceria 21. Cidades sustentáveis subsídios à elaboração da Agenda 21 Brasileira.* Brasília: Ministério do Meio Ambiente (MMA).

Netto, A. et al. (2001). *Manual de Hidráulica.* São Paulo: Editora Blucher.

Rios, J. L. (1982). *Estudo de um Lançamento Subfluvial. Metodologia de Projeto e Aspectos Construtivos do Emissário de Manaus.* (Trabalho apresentado no Congresso Interamericano de Água Potável – AIDIS). Panamá.

Sachs, J. (2008). *A riqueza de todos. (Trad. Sergio Lamarão).* Rio de Janeiro: Nova Fronteira.

Secretaria de Estado do Meio Ambiente de São Paulo (SMA). (1998). *Consumo sustentável.*

Internet

Instituto Brasileiro de Defesa do Consumidor: http://www.idec.org.br/tema/consumo-sustentavel.

Portal São Francisco: http://www.portalsaofrancisco.com.br/alfa/fontes-alternativas-de-energia/fontes-alternativas-de-energia.php.

Marcos Alberto von Bahten tem bacharelado em Letras e é autor dos *livros A tripulação, O resgate, A trilha, O amanhecer* e *O Farol.* Trabalhou como especialista em Rádio e Radar na Força Aérea Brasileira (FAB) e exerceu várias funções na área de ensino, pesquisa e desenvolvimento. Na área empresarial, foi consultor da Fundação Empreender, uma Fundação de Associações Comerciais e Industriais no Estado de Santa Catarina, com o objetivo, entre outros, de divulgar e difundir experiências sobre desenvolvimento organizacional e abertura das associações empresariais para integração de médias e pequenas empresas.

E-mail: marcosvonbahten@uol.com.br

Também de Marcos Alberto von Bahten, leia *O farol*. *O farol* veio para ajudar o mundo empresarial, especialmente da pequena empresa, configurando uma possível ferramenta de solução de problemas, preenchendo com muita habilidade a lacuna existente no setor, um instrumento capaz de ajudar o empreendedor em sua busca de orientação.

9 781792 729720